"読む"というよりも、

"目で見る"新感覚レシピ！

本の上にオーブン用シートを広げたら、

透けて見える絵のとおりに食材を並べて、

あとは包んで焼けばできあがり。

並べて 包んで 焼くだけ レシピ
PAPILLOTES SUPER FACILES
Junko Ueda

誰でも簡単においしい包み焼きを作ることができます。

フランスで見つけた、ちょっと風変わりな

料理書のアイデアを参考にしながら、

和洋中エスニック、さまざまな料理に応用しました。

ぜひぜひ、楽しみながら作ってみてください。

主婦と生活社

この本の使い方　作りたい料理が決まったら…

1 材料をそろえ、レシピのとおりに下ごしらえをします。

2 ページをしっかり開き、絵の上にページよりひと回り大きいオーブン用シートを広げます。

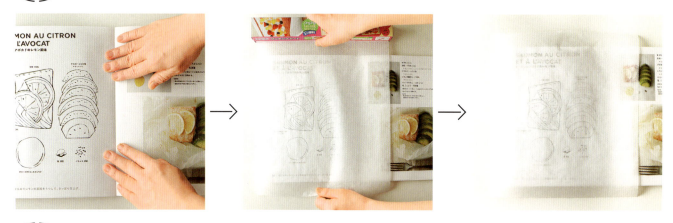

3 オーブン用シートの上に、透けて見える絵のとおりに材料を並べ、本を抜き取ります。

そっと抜き取って！

Bon Appétit!

4 しっかり包んで軽く振ります。

両端を持ち上げて　→　端をそろえて2回折りたたみ　→　両サイドをひねって

軽く2、3回振れば　→　準備完了！

5 レシピの指示どおりに焼けばできあがり！

オーブンで

耐熱皿にのせて電子レンジで

水を張ったフライパンで

SOMMAIRE

PLATS DE VIANDE
肉のおかず

      PORC À LA TOMATE ET AU FROMAGE
6 豚肉のマルゲリータ風

      PORC À LA BASQUAISE
8 豚肉のバスク風

      PORC AU GINGEMBRE
10 豚肉の塩ねぎしょうが焼き

      FARANDOLE D'HARICOTS À LA PROVENÇALE ET AU BACON
12 ベーコンと豆の南仏風煮込み

      BROCHETTE DE POULET, TOMATES ET AVOCAT
14 鶏胸肉、アボカド、トマトの重ね焼き

      POULET AU MIEL ET À L'ORANGE
16 鶏肉とにんじんのオレンジはちみつ風味

      POULET À LA CORÉENNE ET AU FROMAGE
18 チーズタッカルビ

      POULET TANDOORI
20 タンドーリチキン

      ÉMINCÉS DE POULET AU WASABI
22 ささみの長いもわさび

      AILES DE POULET À LA MOUTARDE
24 鶏手羽元のマスタードクリームソース

      AILES DE POULET AU VINAIGRE BALSAMIQUE
26 鶏手羽中とごぼうのバルサミコ風味

      BŒUF À LA SAUCE D'HUÎTRE
28 牛肉のオイスターソース焼き

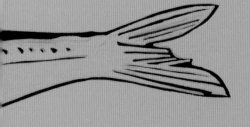

PLATS DE POISSON
魚のおかず

      ÉTUVÉE DE LÉGUMES AUX CREVETTES
32 えびと野菜のエチュベ

      CREVETTES SAUCE PIQUANTE
34 トマトえびチリ

      SAUMON AU FROMAGE CRÉMEUX
36 サーモンのクリームチーズ焼き

      SAUMON AU CITRON ET À L'AVOCAT
38 サーモンとアボカドのレモン風味

      CHINCHARD À LA MOUTARDE
40 あじと粒マスタードの包み焼き

      SARDINES GRILLÉES À LA PORTUGAISE
42 いわしのポルトガル風

      CABILLAUD AU BEURRE ET TARAMA
44 たらのたらこバター

      GALETTE DE DAURADE ET LÉGUMES
46 鯛と野菜のガレット

      CALAMARS AU POIVRE DU JAPON
48 いかの香り焼き

      CALAMARS FARCIS AU RIZ
50 洋風いかめし

      PALOURDES À LA VAPEUR FAÇON CHINOISE
52 あさりとわかめの中華蒸し

      HUÎTRES CHAUDES À LA SAUCE D'HUÎTRE
54 牡蠣のオイスターソース焼き

PLATS DE LEGUMES
野菜のおかず

TOMATES CERISES À L'AIL CUITES AU FOUR
58 ミニトマトのオイルとハーブのオーブン焼き

FONDUE DE CAMEMBERT AUX POMMES DE TERRE
60 じゃがいものカマンベールフォンデュ

BROCOLIS ET ŒUF À LA VAPEUR
62 ブロッコリーと卵のバター蒸し

POIREAUX BRAISÉS À L'HUILE D'OLIVE ET AU CITRON
64 長ねぎのレモンオイル蒸し

ÉTUVÉE DE LÉGUMES PRINTANIERS
66 春野菜のエチュベ

ÉTUVÉE DE CHOUX CHINOIS
68 白菜のエチュベ

EDAMAMES AUX ÉPICES
70 スパイシー枝豆

NAVETS POÊLÉS À L'HUILE, AIL ET PIMENTS
72 かぶのアーリオ・オーリオ・ペペロンチーノ

POTIRON À L'INDIENNE
74 かぼちゃのサブジ風

BOK CHOY À LA VAPEUR
76 青梗菜とほたて貝柱の蒸し焼き

CHAMPIGNONS POÊLÉS AU BEURRE ET PERSIL
78 いろいろきのこのパセリバター焼き

NOUILLES 麺も
NOUILLES À LA THAÏLANDAISE
30 エスニック風和え麺

DESSERT デザートも
BANANE AU CARAMEL
56 キャラメルバナナ

［この本の決まり］

- 材料は基本的に1人分です。
  副菜的な「野菜のおかず」のみ2人分です。
- オーブン用シートは幅30cmのものを使用。白くて、
  表面がややざらついているものがおすすめです。
  絵が透けやすく、液体をのせても広がりづらいのです。

- 加熱時間は目安です。オーブンや電子レンジの
  機種により差が出ることがあるので、
  様子を見ながら調整してください。
- 肉や魚が生焼けだった場合は、オーブンとフライパンは
  さらに1〜2分、電子レンジは30秒ほど加熱してください。
- オーブンとフライパンでは複数の包み焼きを同時に
  加熱できます。加熱時間はそのままで構いません。
  電子レンジでは1つずつ加熱してください。
- オーブントースターは絶対に使わないでください。
  紙が燃えて、火事の原因になります。
- フライパンで蒸し焼きにする際、
  水がなくなったらすぐに足してください。
- 塩は粗塩を、バターは加塩タイプを使用しています。
- レモンやオレンジはできれば農薬や
  ポストハーベスト不使用のものを使用してください。
  そうでない場合は皮の表面をそぎ落としてください。
- オーブンは電気オーブンを使用しています。
  ガスオーブンの場合は加熱温度を
  レシピの指定より10℃下げてください。
- 電子レンジは600Wを使用しています。
  500Wの場合は加熱時間を1.2倍にしてください。
- 大さじ1は15ml、小さじ1は5ml、
  1つまみは指3本でつまめる程度の量です。

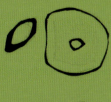

PORC À LA TOMATE ET AU FROMAGE
豚肉のマルゲリータ風

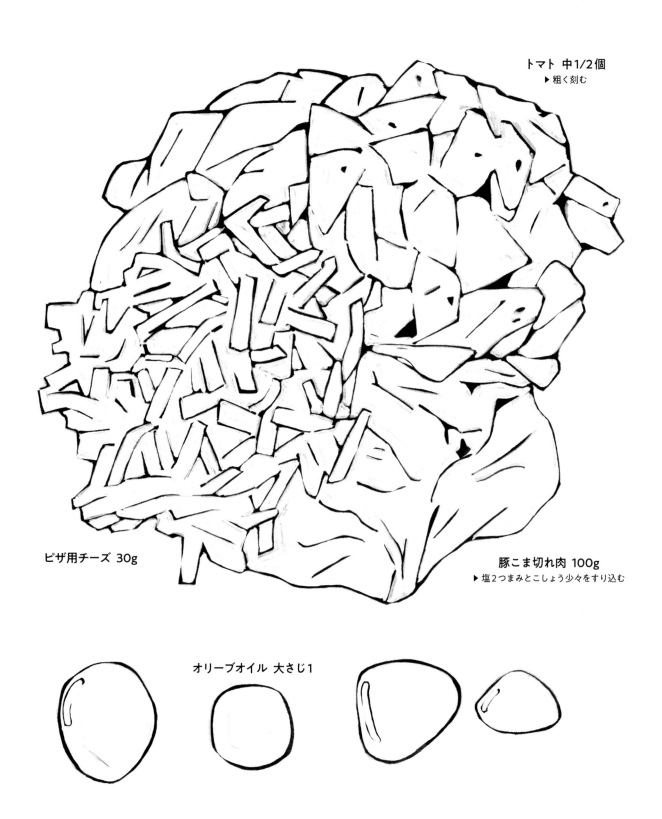

トマト 中1/2個
▶ 粗く刻む

ピザ用チーズ 30g

豚こま切れ肉 100g
▶ 塩2つまみとこしょう少々をすり込む

オリーブオイル 大さじ1

6 ピザをイメージしたイタリア風の包み焼き

◉ 材料 [1人分]

豚こま切れ肉 — 100g
▶ 塩2つまみとこしょう少々をすり込む

トマト — 中1/2個
▶ 粗く刻む

ピザ用チーズ — 30g

オリーブオイル — 大さじ1

バジルの葉 — 1〜2枚

バジル以外の材料を絵に従ってオーブン用シートに並べて包み、軽く2、3回振って、右上の指示どおりに加熱する。
器に盛り、バジルを手でちぎって散らす。

・オーブンのかわりに電子レンジで3分ほど加熱しても作れる。豚肉にはしっかり火を通して。

オーブン

210℃
予熱あり

10分

肉のおかず　PLATS DE VIANDE

PORC À LA BASQUAISE
豚肉のバスク風

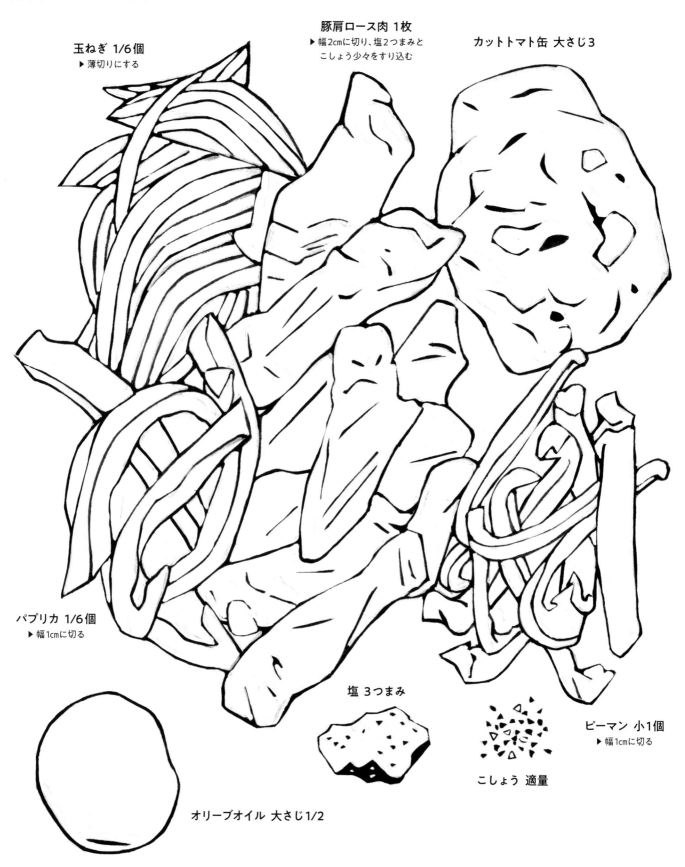

玉ねぎ 1/6個
▶ 薄切りにする

豚肩ロース肉 1枚
▶ 幅2cmに切り、塩2つまみとこしょう少々をすり込む

カットトマト缶 大さじ3

パプリカ 1/6個
▶ 幅1cmに切る

塩 3つまみ

こしょう 適量

ピーマン 小1個
▶ 幅1cmに切る

オリーブオイル 大さじ1/2

8　肩ロース肉を使うとやわらかく仕上がります

オーブン

210℃
予熱あり

15分

● 材料 [1人分]

豚肩ロース肉（ステーキ用）— 1枚 (100g)
　▶ 幅2cmに切り、塩2つまみとこしょう少々をすり込む

パプリカ — 1/6個　▶ 幅1cmに切る

ピーマン — 小1個　▶ 幅1cmに切る

玉ねぎ — 1/6個　▶ 薄切りにする

カットトマト缶 — 大さじ3

オリーブオイル — 大さじ1/2

塩 — 3つまみ

こしょう — 適量

材料を絵に従ってオーブン用シートに並べて包み、軽く2、3回振って、右上の指示どおりに加熱する。

・薄切りにんにく数枚やパプリカパウダー少々を加えるとより本格的な味わいに。

肉のおかず　PLATS DE VIANDE

PORC AU GINGEMBRE
豚肉の塩ねぎしょうが焼き

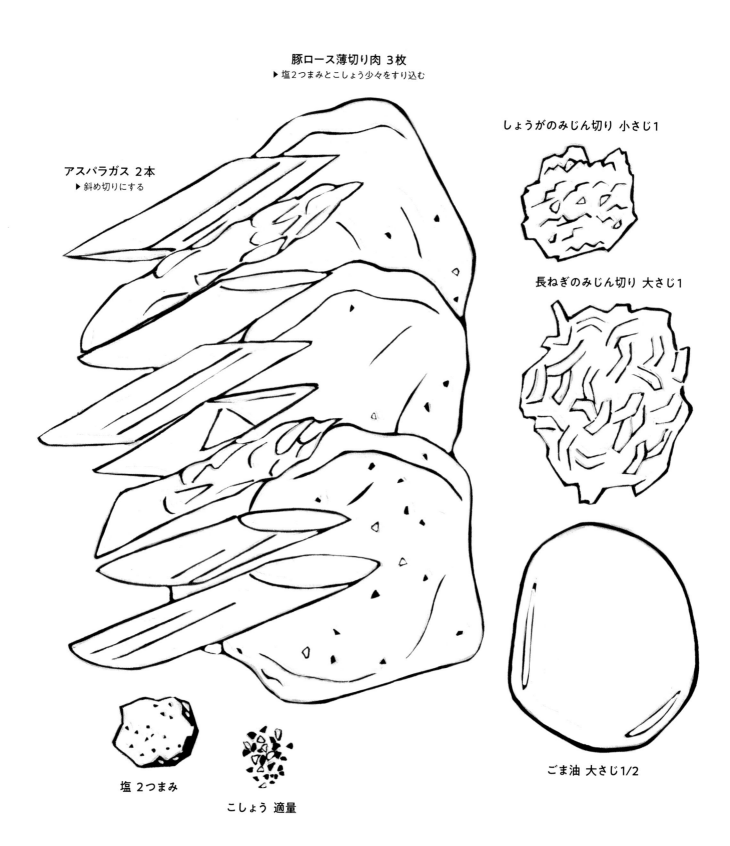

玉ねぎやきのこなどでもおいしく作れます

オーブン

210℃
予熱あり

10分

● 材料［1人分］

豚ロース薄切り肉（しょうが焼き用）— 3枚（100g）
　▶ 塩2つまみとこしょう少々をすり込む

アスパラガス — 2本
　▶ 斜め切りにする

しょうがのみじん切り — 小さじ1

長ねぎのみじん切り — 大さじ1

ごま油 — 大さじ1/2

塩 — 2つまみ

こしょう — 適量

材料を絵に従ってオーブン用シートに並べて包み、軽く2、3回振って、右上の指示どおりに加熱する。

・がりのざく切り適量を散らして焼いても、酸味がきいておいしい。

FARANDOLE D'HARICOTS À LA PROVENÇALE ET AU BACON

ベーコンと豆の南仏風煮込み

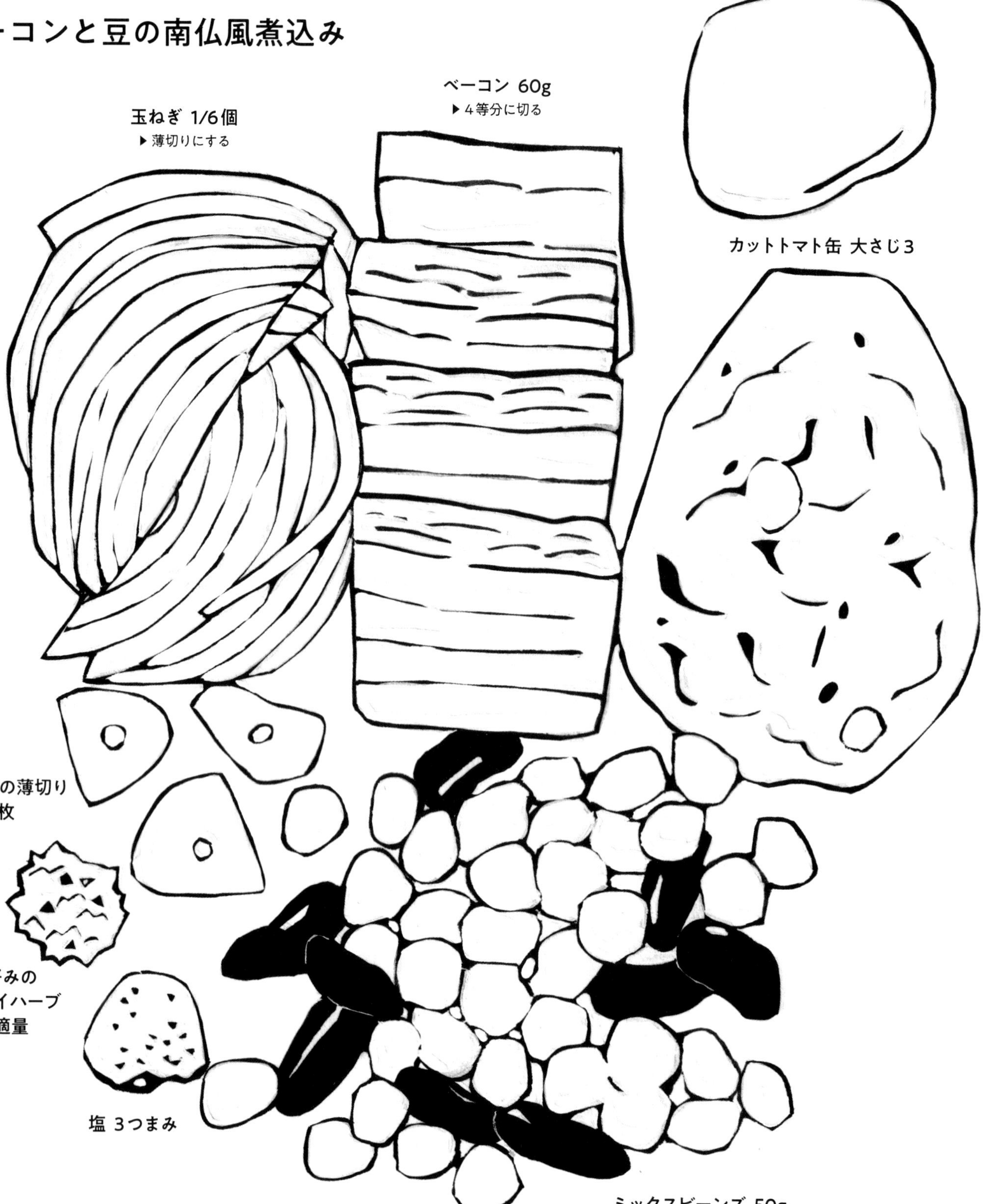

オリーブオイル 大さじ1/2

ベーコン 60g
▶ 4等分に切る

カットトマト缶 大さじ3

玉ねぎ 1/6個
▶ 薄切りにする

にんにくの薄切り 3枚

好みの
ドライハーブ
適量

塩 3つまみ

ミックスビーンズ 50g

ベーコンの旨みが豆にしみ込んでおいしい！

電子レンジ

600W

耐熱皿にのせて4分

◉ 材料［1人分］

ベーコン（ブロック）— 60g
　▶ 4等分に切る

ミックスビーンズ — 50g

玉ねぎ — 1/6個　▶ 薄切りにする

カットトマト缶 — 大さじ3

にんにくの薄切り — 3枚

オリーブオイル — 大さじ1/2

塩 — 3つまみ

好みのドライハーブ（オレガノ、バジルなど）— 適量

材料を絵に従ってオーブン用シートに並べて包み、軽く2、3回振って、右上の指示どおりに加熱する。

・ベーコンのかわりにソーセージでもOK。
　ドライハーブがなければこしょうでも構わない。
・パンにのせて食べるとおいしい。

肉のおかず　PLATS DE VIANDE　13

BROCHETTE DE POULET, TOMATES ET AVOCAT
鶏胸肉、アボカド、トマトの重ね焼き

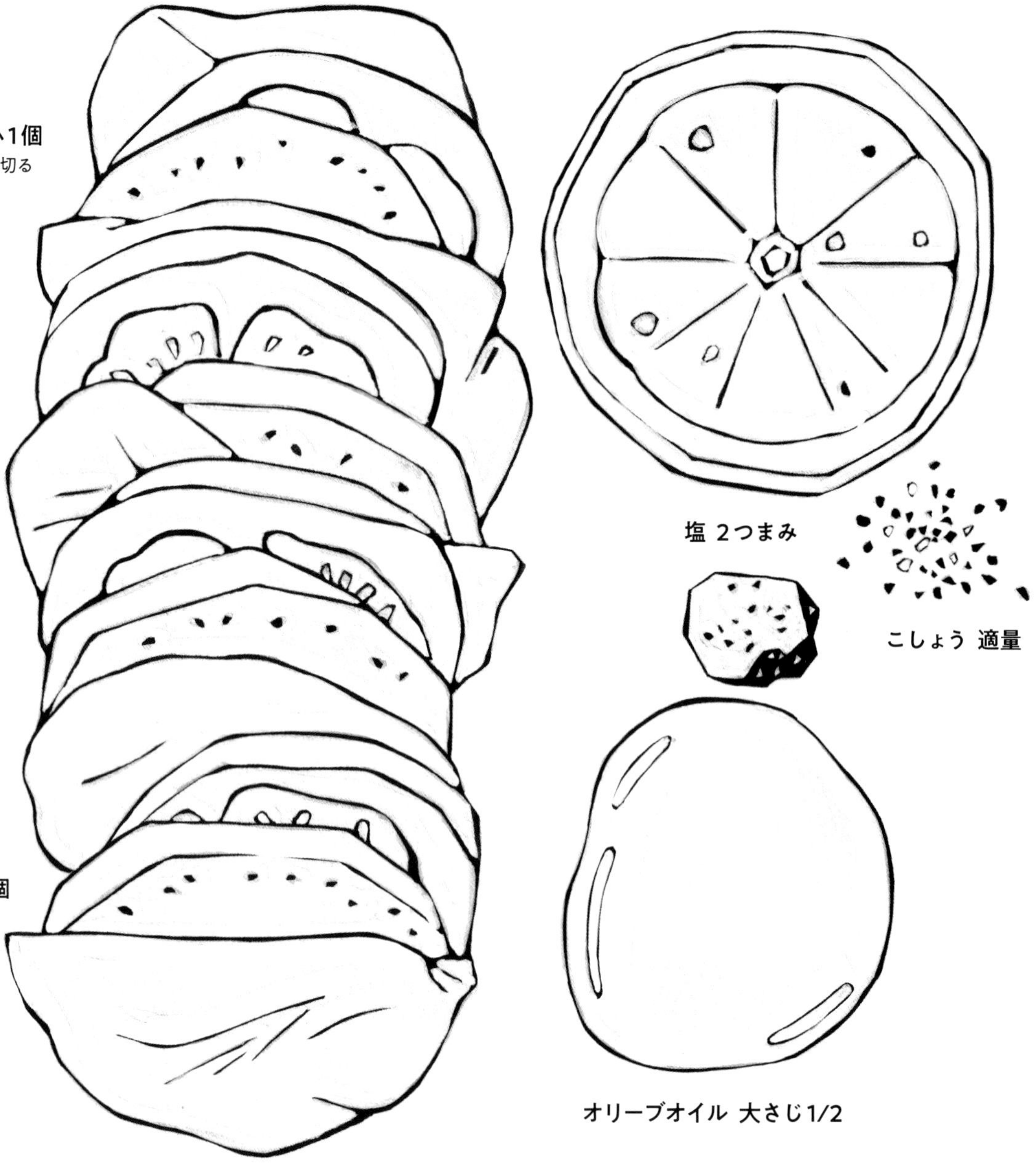

鶏胸肉 100g
▶ 幅1cmのそぎ切りにし、塩2つまみとこしょう少々をすり込む

レモンの輪切り 1枚

トマト 小1個
▶ 幅1cmに切る

塩 2つまみ

こしょう 適量

アボカド 小1/2個
▶ 幅1cmに切る

オリーブオイル 大さじ1/2

14　トマトとアボカドをくずしながら、鶏に絡めていただきます

オーブン

210℃
予熱あり

10分

● 材料［1人分］

鶏胸肉（皮なし）— 100g
　▶ 幅1cmのそぎ切りにし、
　　塩2つまみとこしょう少々をすり込む

アボカド — 小1/2個（60g）　▶ 幅1cmに切る

トマト — 小1個（80g）　▶ 幅1cmに切る

レモンの輪切り — 1枚

オリーブオイル — 大さじ1/2

塩 — 2つまみ

こしょう — 適量

材料を絵に従ってオーブン用シートに並べて包み、軽く2、3回振って、右上の指示どおりに加熱する。

・レモンの輪切りのかわりにレモン汁小さじ1をかけてもよい。
・オーブンのかわりに電子レンジで4分ほど加熱しても作れる。鶏肉にはしっかり火を通して。

肉のおかず　PLATS DE VIANDE

POULET AU MIEL ET À L'ORANGE
鶏肉とにんじんのオレンジはちみつ風味

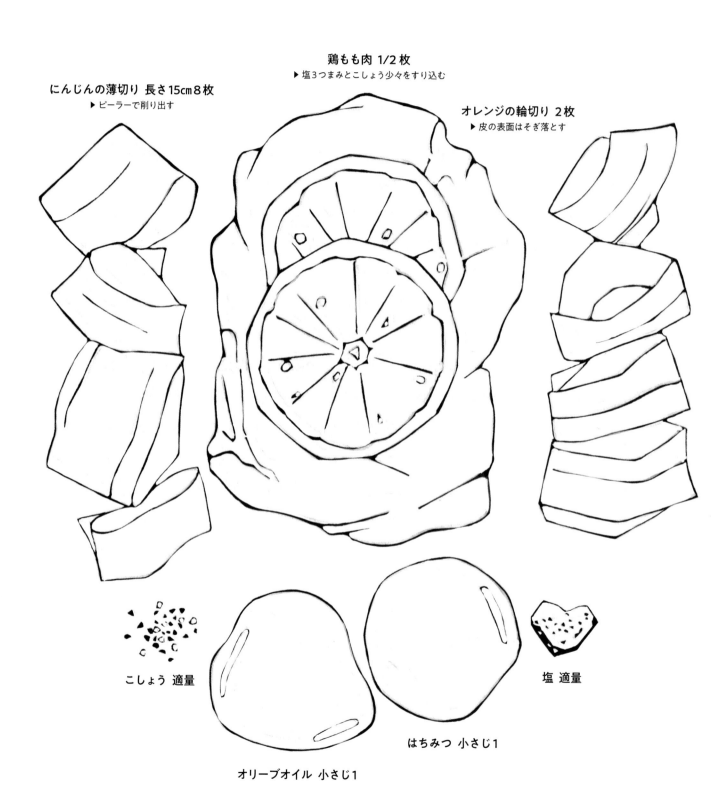

にんじんの薄切り 長さ15cm 8枚
▶ ピーラーで削り出す

鶏もも肉 1/2枚
▶ 塩3つまみとこしょう少々をすり込む

オレンジの輪切り 2枚
▶ 皮の表面はそぎ落とす

こしょう 適量

オリーブオイル 小さじ1

はちみつ 小さじ1

塩 適量

甘い香りが鶏肉の旨みを引き立てます

オーブン

210℃
予熱あり

15分

● 材料 [1人分]

鶏もも肉 ― 1/2枚 (150g)
▶ 塩3つまみとこしょう少々をすり込む

オレンジの輪切り ― 2枚
▶ 皮の表面はそぎ落とす

にんじんの薄切り ― 長さ15cm 8枚
▶ ピーラーで削り出す

オリーブオイル ― 小さじ1

はちみつ ― 小さじ1

塩、こしょう ― 各適量

材料を絵に従ってオーブン用シートに並べて包み、軽く2、3回振って、右上の指示どおりに加熱する。器に盛り、あればイタリアンパセリ適量(分量外)を添える。

・はちみつのかわりに同量のオレンジマーマレードでもおいしい。
・オレンジのかわりにレモンの輪切り1枚(またはレモン汁小さじ1)でも。甘みが弱まり、よりさっぱりした味になる。

肉のおかず　PLATS DE VIANDE

POULET À LA CORÉENNE ET AU FROMAGE
チーズタッカルビ

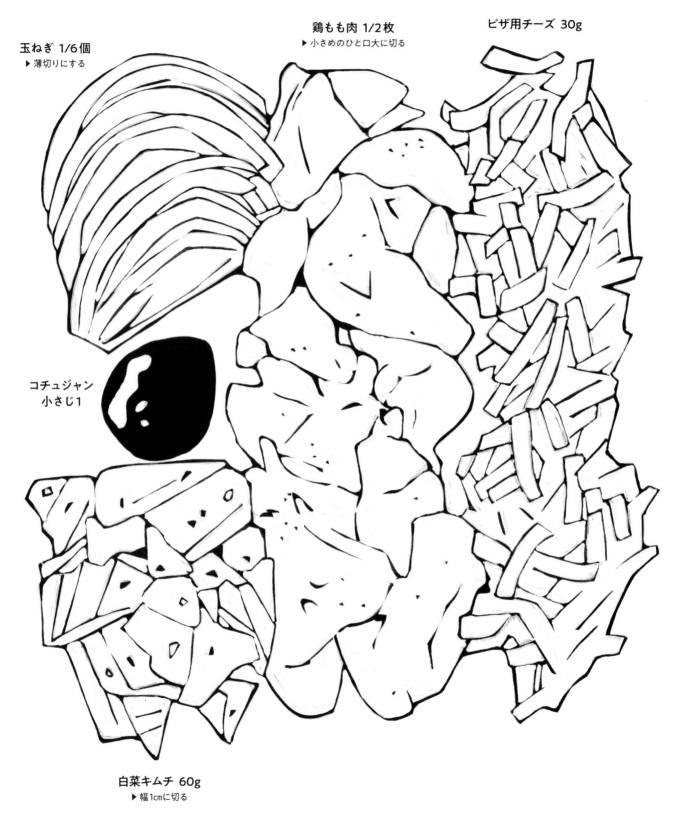

玉ねぎ 1/6個
▶薄切りにする

鶏もも肉 1/2枚
▶小さめのひと口大に切る

ピザ用チーズ 30g

コチュジャン 小さじ1

白菜キムチ 60g
▶幅1cmに切る

18 あの人気メニューもレンチン5分でできあがり！

電子レンジ

600W

耐熱皿にのせて5分

● 材料 [1人分]

鶏もも肉 — 1/2枚 (150g)
　▶ 小さめのひと口大に切る

白菜キムチ — 60g　▶ 幅1cmに切る

玉ねぎ — 1/6個　▶ 薄切りにする

コチュジャン — 小さじ1

ピザ用チーズ — 30g

細ねぎ — 1本
　▶ 長めの小口切りにする

細ねぎ以外の材料を絵に従ってオーブン用シートに並べて包み、軽く2、3回振って、右上の指示どおりに加熱する。器に盛り、細ねぎを散らす。

・本来鶏肉で作る料理だが、豚こま切れ肉や、えび、いかなどでもおいしく作れる。分量はそれぞれ150g程度で調整を。

肉のおかず　PLATS DE VIANDE

POULET TANDOORI
タンドーリチキン

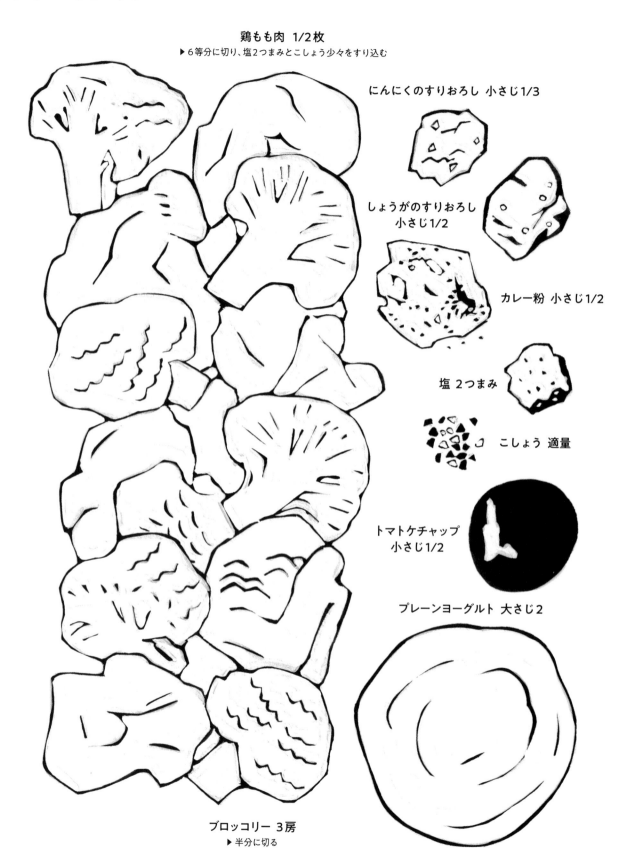

鶏もも肉 1/2枚
▶6等分に切り、塩2つまみとこしょう少々をすり込む

にんにくのすりおろし 小さじ1/3

しょうがのすりおろし 小さじ1/2

カレー粉 小さじ1/2

塩 2つまみ

こしょう 適量

トマトケチャップ 小さじ1/2

プレーンヨーグルト 大さじ2

ブロッコリー 3房
▶半分に切る

野菜はカリフラワーやミックスビーンズでもおいしく作れます

オーブン

210℃
予熱あり

15分

● 材料［1人分］

鶏もも肉 — 1/2枚 (150g)
　▶ 6等分に切り、塩2つまみとこしょう少々をすり込む

ブロッコリー — 3房　▶ 半分に切る

A ｜ カレー粉 — 小さじ1/2
　｜ しょうがのすりおろし — 小さじ1/2
　｜ にんにくのすりおろし — 小さじ1/3
　｜ トマトケチャップ — 小さじ1/2
　｜ プレーンヨーグルト(無糖) — 大さじ2
　｜ 塩 — 2つまみ
　｜ こしょう — 適量

材料を絵に従ってオーブン用シートに並べ、
Aをスプーンなどで混ぜ合わせてから包み、
軽く2、3回振って、右上の指示どおりに加熱する。

・オーブンのかわりに電子レンジで4分ほど加熱しても作れる。
　鶏肉にはしっかり火を通して。

肉のおかず　PLATS DE VIANDE

ÉMINCÉS DE POULET AU WASABI
ささみの長いもわさび

長いも 100g
▶ 皮をむき、ポリ袋に入れてめん棒などでたたく

鶏ささみ 小2本
▶ 筋を取り、そぎ切りにして、塩2つまみをすり込む

練りわさび 1.5㎝分

サラダ油 小さじ1

わさびのかわりに梅肉1個分を添えるとさっぱり味に

フライパン

水200mlを入れて**強めの中火**

ふたをして**7分**

● 材料［1人分］

鶏ささみ — 小2本（120g）
　▶ 筋を取り、そぎ切りにして、塩2つまみをすり込む

長いも — 100g
　▶ 皮をむき、ポリ袋に入れてめん棒などでたたく

練りわさび — 1.5cm分

サラダ油 — 小さじ1

三つ葉 — 2本

しょうゆ — 適量

三つ葉としょうゆ以外の材料を絵に従ってオーブン用シートに並べて包み、軽く2、3回振って、右上の指示どおりに加熱する。器に盛り、三つ葉を散らして、しょうゆをかける。

・ささみのかわりに同量の鶏胸肉や白身魚でもおいしく作れる。
・フライパンのかわりに電子レンジで4分ほど加熱しても作れる。ささみにはしっかり火を通して。

肉のおかず　PLATS DE VIANDE

AILES DE POULET À LA MOUTARDE
鶏手羽元のマスタードクリームソース

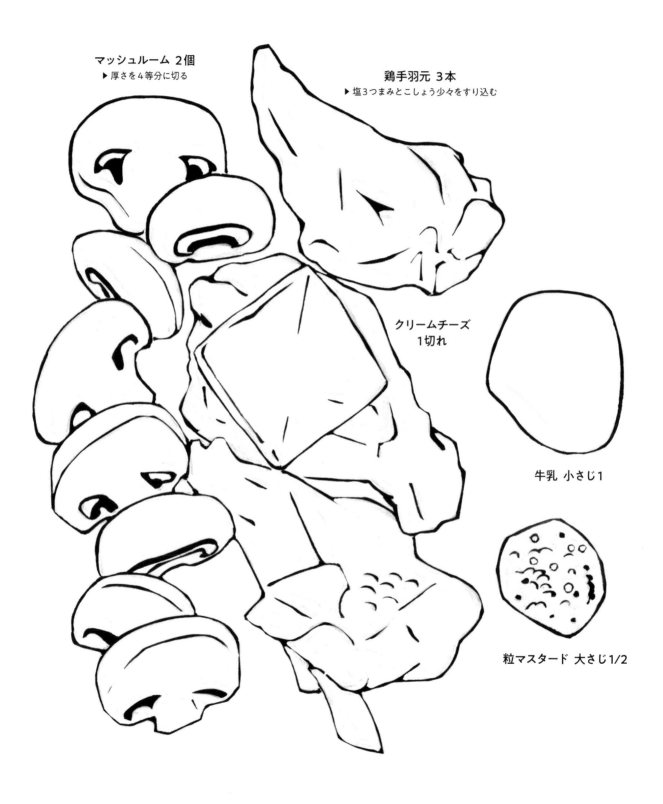

マッシュルーム 2個
▶ 厚さを4等分に切る

鶏手羽元 3本
▶ 塩3つまみとこしょう少々をすり込む

クリームチーズ 1切れ

牛乳 小さじ1

粒マスタード 大さじ1/2

粒マスタードのおかげで5分で作ったとは思えないほどの奥深い味！

 電子レンジ

600W

耐熱皿にのせて5分

● 材料 [1人分]

鶏手羽元 — 3本 (150g)
　▶ 塩3つまみとこしょう少々をすり込む

マッシュルーム — 2個
　▶ 厚さを4等分に切る

粒マスタード — 大さじ1/2

牛乳 — 小さじ1

クリームチーズ — 1切れ (18g)

材料を絵に従ってオーブン用シートに並べて包み、軽く2、3回振って、右上の指示どおりに加熱する。

・焼きあがってもクリームチーズが溶けていなかった場合は、スプーンの背などでなじませる。
・鶏手羽元のかわりに鶏もも肉150gでもおいしく作れる。ひと口大に切って、同様に下処理をすればOK。
・きのこは好みのもので構わない。

肉のおかず　PLATS DE VIANDE

AILES DE POULET AU VINAIGRE BALSAMIQUE
鶏手羽中とごぼうのバルサミコ風味

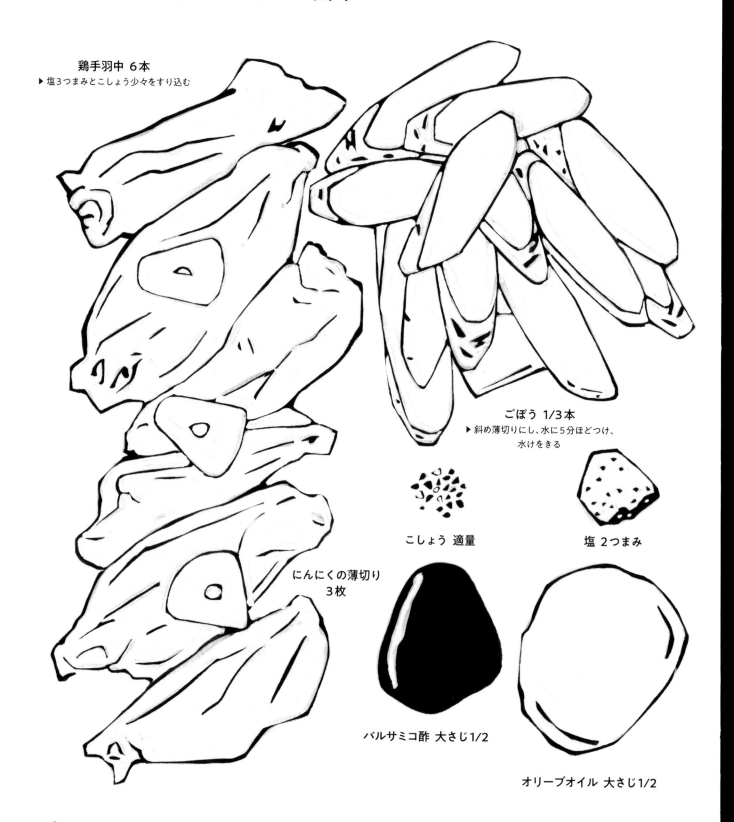

鶏手羽中 6本
▶ 塩3つまみとこしょう少々をすり込む

ごぼう 1/3本
▶ 斜め薄切りにし、水に5分ほどつけ、水けをきる

こしょう 適量

塩 2つまみ

にんにくの薄切り 3枚

バルサミコ酢 大さじ1/2

オリーブオイル 大さじ1/2

焼きあがったら「追いバルサミコ」をかけるのもおすすめ

オーブン

210℃
予熱あり

15分

● 材料 [1人分]

鶏手羽中 ― 6本(200g)
　▶ 塩3つまみとこしょう少々をすり込む
ごぼう ― 1/3本
　▶ 斜め薄切りにし、水に5分ほどつけ、水けをきる
にんにくの薄切り ― 3枚
オリーブオイル ― 大さじ1/2
バルサミコ酢 ― 大さじ1/2
塩 ― 2つまみ
こしょう ― 適量

材料を絵に従ってオーブン用シートに並べて包み、軽く2、3回振って、右上の指示どおりに加熱する。

・鶏手羽中のかわりに鶏もも肉150gでもおいしく作れる。ひと口大に切り、同様に下処理をすればOK。
・仕上げにさらにバルサミコ酢少々をかけてもおいしい。

肉のおかず　PLATS DE VIANDE

BŒUF À LA SAUCE D'HUÎTRE
牛肉のオイスターソース焼き

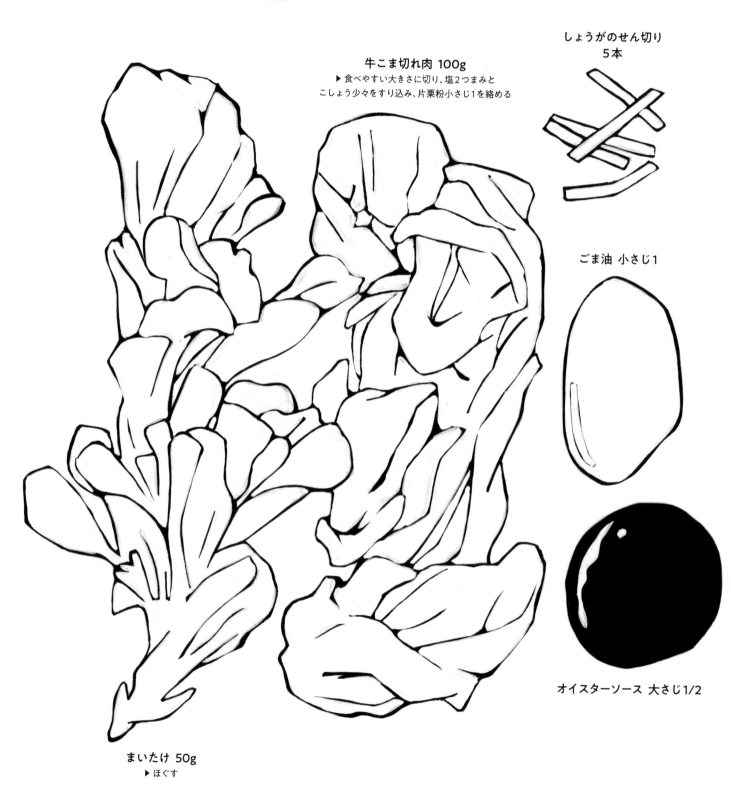

牛こま切れ肉 100g
▶ 食べやすい大きさに切り、塩2つまみと
こしょう少々をすり込み、片栗粉小さじ1を絡める

しょうがのせん切り
5本

ごま油 小さじ1

オイスターソース 大さじ1/2

まいたけ 50g
▶ ほぐす

やわらかいお肉に濃厚なソースでご飯が進む味

オーブン

210℃
予熱あり

10分

● 材料［1人分］

牛こま切れ肉 ― 100g
　▶ 食べやすい大きさに切り、塩2つまみと
　　こしょう少々をすり込み、片栗粉小さじ1を絡める

まいたけ ― 50g
　▶ ほぐす

しょうがのせん切り ― 5本
オイスターソース ― 大さじ1/2
ごま油 ― 小さじ1

材料を絵に従ってオーブン用シートに並べて包み、
軽く2、3回振って、右上の指示どおりに加熱する。

・オーブンのかわりに電子レンジで3分ほど加熱しても作れる。
・きのこは好みのもので構わない。

肉のおかず　PLATS DE VIANDE

NOUILLES À LA THAÏLANDAISE
エスニック風和え麺

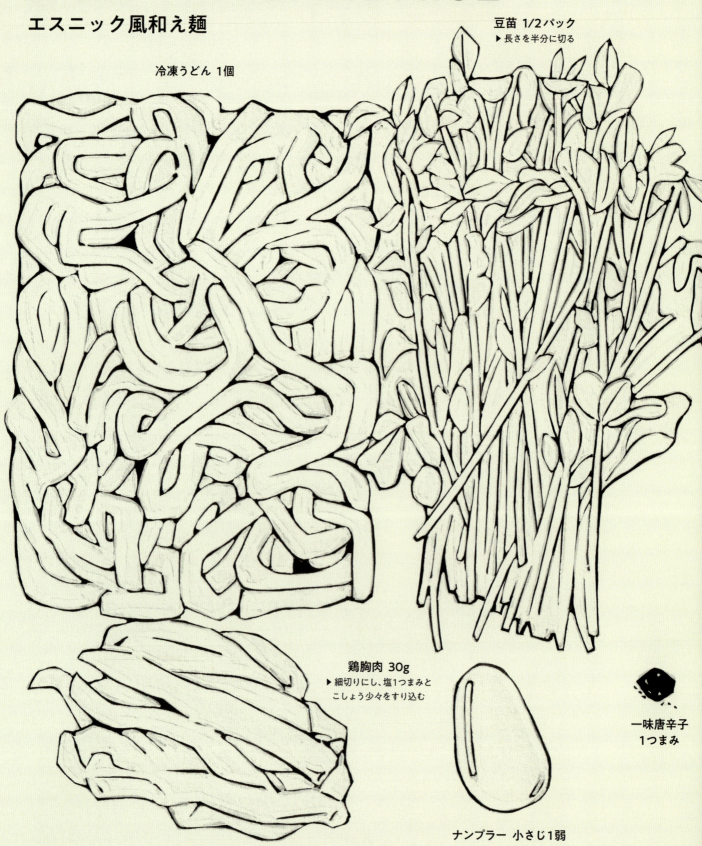

冷凍うどん 1個

豆苗 1/2パック
▶ 長さを半分に切る

鶏胸肉 30g
▶ 細切りにし、塩1つまみと
こしょう少々をすり込む

ナンプラー 小さじ1弱

一味唐辛子 1つまみ

さっぱりと、少しだけピリッとしたタイ風のうどん

電子レンジ

600W

耐熱皿にのせて5分

● 材料［1人分］

冷凍うどん ― 1個

豆苗 ― 1/2パック
▶ 長さを半分に切る

鶏胸肉 ― 30g
▶ 細切りにし、塩1つまみとこしょう少々をすり込む

ナンプラー ― 小さじ1弱

一味唐辛子 ― 1つまみ

レモンのくし形切り ― 1切れ

レモン以外の材料を絵に従ってオーブン用シートに並べて包み、軽く2、3回振って、右上の指示どおりに加熱する。器に盛り、レモンを搾る。

・鶏肉のかわりに豚肉、豆苗のかわりににらやもやしでもおいしく作れる。
・味つけはナンプラーではなく同量のしょうゆにすると和風に。バジルソースなどと合わせてイタリア風にすることも可能。

麺も　NOUILLES

ÉTUVÉE DE LÉGUMES AUX CREVETTES
えびと野菜のエチュベ

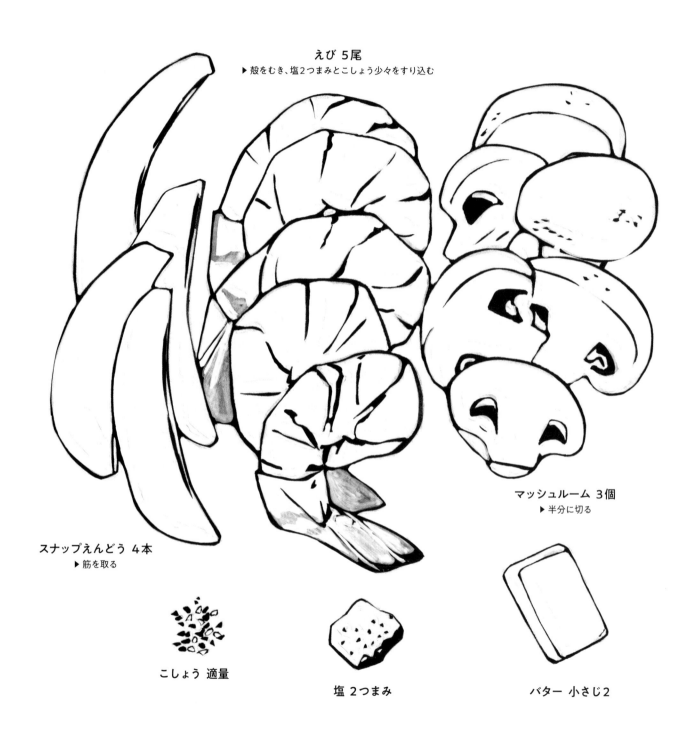

えび 5尾
▶ 殻をむき、塩2つまみとこしょう少々をすり込む

マッシュルーム 3個
▶ 半分に切る

スナップえんどう 4本
▶ 筋を取る

こしょう 適量

塩 2つまみ

バター 小さじ2

余計な水分を足さずに調理するから味が濃厚！

◉ 材料［1人分］

えび — 5尾（100g）
▶ 殻をむき、水洗いしてから水けをふき、塩2つまみとこしょう少々をすり込む

スナップえんどう — 4本　▶ 筋を取る

マッシュルーム — 3個
▶ 半分に切る

バター — 小さじ2

塩 — 2つまみ

こしょう — 適量

材料を絵に従ってオーブン用シートに並べて包み、軽く2、3回振って、右上の指示どおりに加熱する。

・エチュベとは食材の水分だけで蒸し焼きにする調理法。旨みが凝縮されておいしい。
・えびは冷凍のむきえびでも構わない。解凍して使う。きぬさややたけのこなどと合わせてもおいしい。
・フライパンのかわりに電子レンジで3分ほど加熱しても作れる。

魚のおかず　PLATS DE POISSON

CREVETTES
SAUCE PIQUANTE
トマトえびチリ

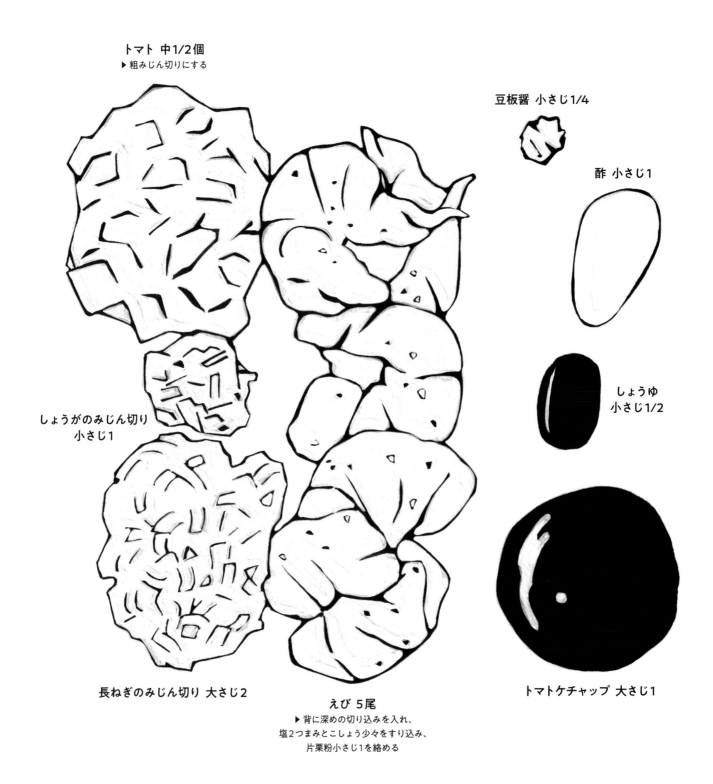

トマト 中1/2個
▶ 粗みじん切りにする

豆板醤 小さじ1/4

酢 小さじ1

しょうゆ 小さじ1/2

しょうがのみじん切り 小さじ1

長ねぎのみじん切り 大さじ2

えび 5尾
▶ 背に深めの切り込みを入れ、塩2つまみとこしょう少々をすり込み、片栗粉小さじ1を絡める

トマトケチャップ 大さじ1

34　この調理法ならたった3分の加熱でえびチリが完成！

電子レンジ

600W

耐熱皿にのせて3分

● 材料 [1人分]

えび — 5尾(100g)
▶ 殻と尾を取り除き、水洗いしてから水けをふき、背に深めの切り込みを入れる。塩2つまみとこしょう少々をすり込み、片栗粉小さじ1を絡める

トマト — 中1/2個　▶ 粗みじん切りにする

長ねぎのみじん切り — 大さじ2

しょうがのみじん切り — 小さじ1

A｜トマトケチャップ — 大さじ1
　｜酢 — 小さじ1
　｜しょうゆ — 小さじ1/2
　｜豆板醤 — 小さじ1/4

材料を絵に従ってオーブン用シートに並べ、Aをスプーンなどで混ぜ合わせてから包み、軽く2、3回振って、右上の指示どおりに加熱する。

・えびのかわりにひと口大に切った鶏もも肉150gでも。塩、こしょうで下味を。

魚のおかず　PLATS DE POISSON

SAUMON AU FROMAGE CRÉMEUX
サーモンのクリームチーズ焼き

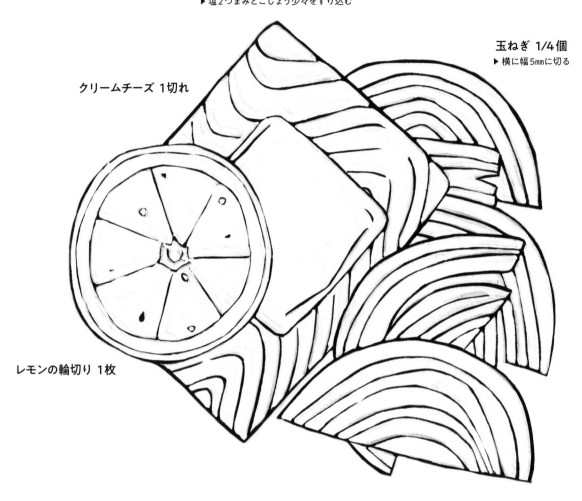

生鮭 1切れ
▶ 塩2つまみとこしょう少々をすり込む

玉ねぎ 1/4個
▶ 横に幅5mmに切る

クリームチーズ 1切れ

レモンの輪切り 1枚

塩 1つまみ

こしょう 適量

チーズと相性のよいアスパラガスやブロッコリーを添えても

◉ 材料 [1人分]

生鮭 — 1切れ
> ▶ 塩2つまみとこしょう少々をすり込む

クリームチーズ — 1切れ (18g)

玉ねぎ — 1/4個　▶ 横に幅5mmに切る

レモンの輪切り — 1枚

塩 — 1つまみ

こしょう — 適量

材料を絵に従ってオーブン用シートに並べて包み、軽く2、3回振って、右上の指示どおりに加熱する。器に盛り、あればセルフィーユ少々（分量外）を添える。

・鮭は刺し身用のさくでも切り身でも構わない。塩鮭を使う場合は下ごしらえの塩は不要。
・オーブンのかわりに電子レンジで3分ほど加熱しても作れる。

魚のおかず　PLATS DE POISSON

SAUMON AU CITRON ET À L'AVOCAT
サーモンとアボカドのレモン風味

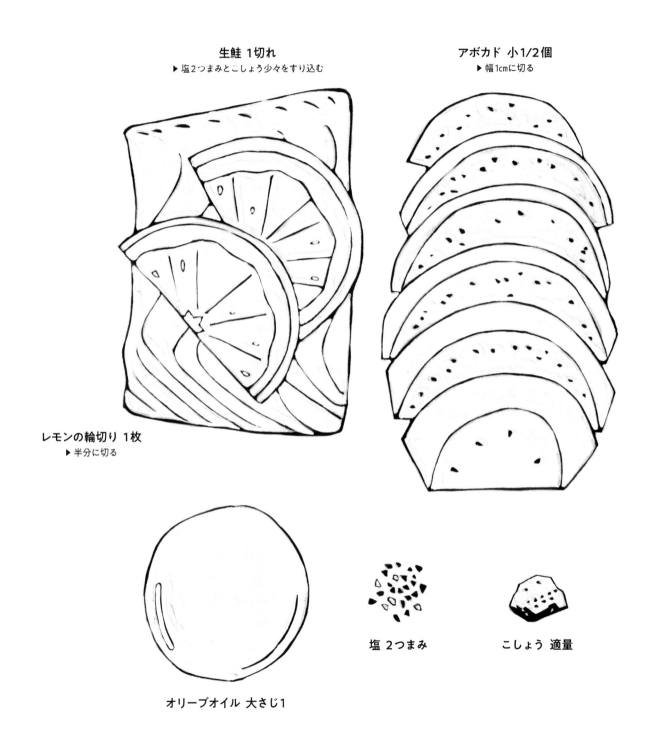

強めの塩をきかせた鮭にはレモンを合わせてさっぱり仕上げ

● 材料[1人分]

生鮭 — 1切れ
▶ 塩2つまみとこしょう少々をすり込む

アボカド — 小1/2個
▶ 幅1cmに切る

レモンの輪切り — 1枚
▶ 半分に切る

オリーブオイル — 大さじ1

塩 — 2つまみ

こしょう — 適量

材料を絵に従ってオーブン用シートに並べて包み、軽く2、3回振って、右上の指示どおりに加熱する。

・鮭は刺し身用のさくでも切り身でも構わない。
　塩鮭を使う場合は下ごしらえの塩は不要。
・レモンのかわりにレモン汁小さじ1をかけてもよい。
・オーブンのかわりに電子レンジで3分ほど加熱しても作れる。

魚のおかず　PLATS DE POISSON

CHINCHARD
À LA MOUTARDE
あじと粒マスタードの包み焼き

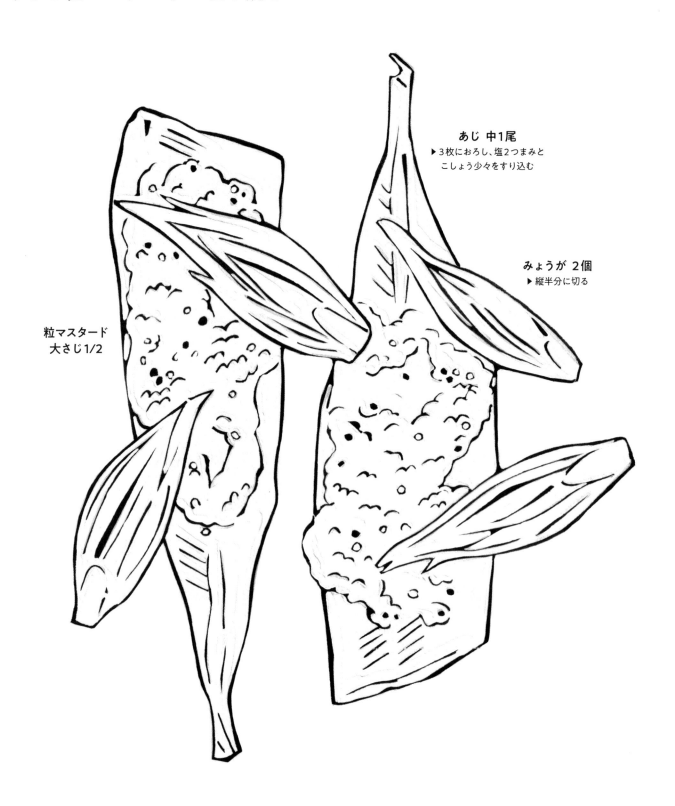

あじ 中1尾
▶3枚におろし、塩2つまみとこしょう少々をすり込む

みょうが 2個
▶縦半分に切る

粒マスタード
大さじ1/2

さわらやぶりなどお好みの白身魚でどうぞ

オーブン

210℃
予熱あり

10分

◉ 材料 [1人分]

あじ — 中1尾
▶ 3枚におろし、塩2つまみとこしょう少々をすり込む

粒マスタード — 大さじ1/2

みょうが — 2個
▶ 縦半分に切る

大葉 — 適量

大葉以外の材料を絵に従ってオーブン用シートに並べて包み、軽く2、3回振って、右上の指示どおりに加熱する。器に盛り、大葉を手でちぎって散らす。

・好みで仕上げにしょうゆ少々をかけても。
・豚ロース薄切り肉（しょうが焼き用）100gでも作れる。
・あじの3枚おろしは不慣れなら店に頼むとよい。

魚のおかず　PLATS DE POISSON

SARDINES GRILLÉES À LA PORTUGAISE
いわしのポルトガル風

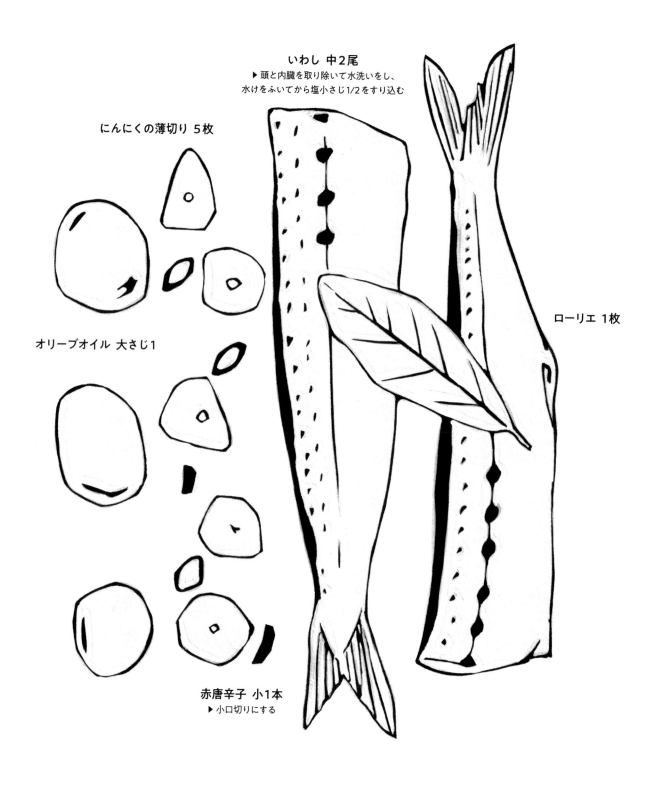

いわし 中2尾
▶ 頭と内臓を取り除いて水洗いをし、水けをふいてから塩小さじ1/2をすり込む

にんにくの薄切り 5枚

オリーブオイル 大さじ1

ローリエ 1枚

赤唐辛子 小1本
▶ 小口切りにする

脂がのったいわしをオイルとレモンでさっぱり仕上げます

オーブン

210℃
予熱あり

10分

● 材料 [1人分]

いわし ― 中2尾
▶ 頭と内臓を取り除いて水洗いをし、
  水けをふいてから塩小さじ1/2をすり込む

にんにくの薄切り ― 5枚

赤唐辛子 ― 小1本
▶ 小口切りにする

ローリエ ― 1枚

オリーブオイル ― 大さじ1

レモンのくし形切り ― 1切れ

レモン以外の材料を絵に従ってオーブン用シートに
並べて包み、軽く2、3回振って、
右上の指示どおりに加熱する。器に盛り、レモンを搾る。

・フレッシュハーブがあれば、いっしょに包んで焼くと香り豊かに仕上がる。
　ローズマリーなら3cmほど、タイムなら2枝ほどが目安。

魚のおかず　PLATS DE POISSON

CABILLAUD AU BEURRE ET TARAMA
たらのたらこバター

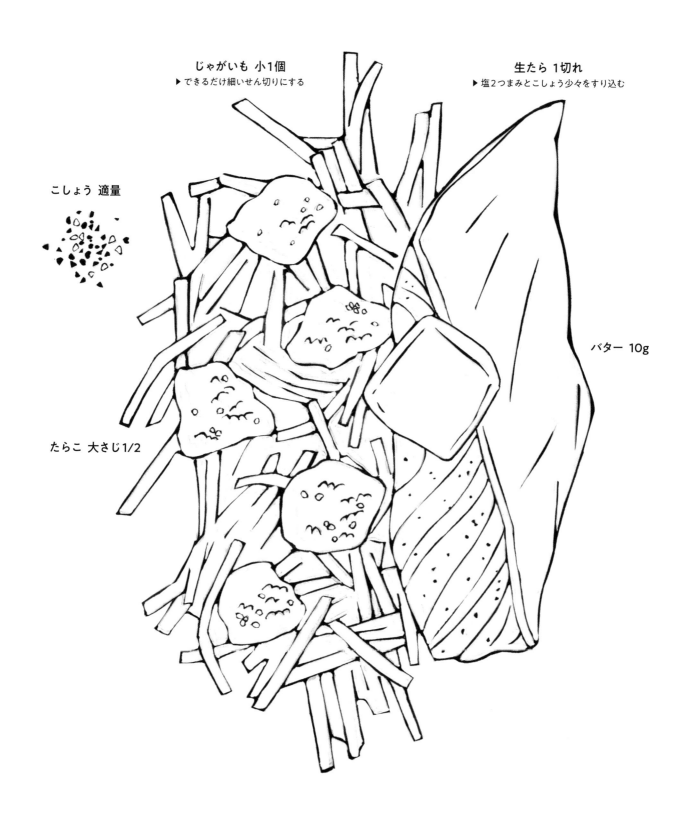

じゃがいも 小1個
▸ できるだけ細いせん切りにする

生たら 1切れ
▸ 塩2つまみとこしょう少々をすり込む

こしょう 適量

たらこ 大さじ1/2

バター 10g

火が通りやすいよう、じゃがいもはできるだけ細く切るのがポイント

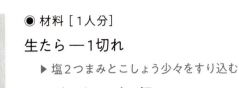

● 材料［1人分］

生たら — 1切れ
▶ 塩2つまみとこしょう少々をすり込む

じゃがいも — 小1個
▶ できるだけ細いせん切りにする

たらこ（ほぐし身）— 大さじ1/2

バター — 10g

こしょう — 適量

材料を絵に従ってオーブン用シートに並べて包み、軽く2、3回振って、右上の指示どおりに加熱する。

・じゃがいものせん切りはできればスライサーを使うとよい。
・フライパンのかわりに電子レンジで4分ほど加熱しても作れる。

フライパン

水200mlを入れて
強めの中火

ふたをして
8分

魚のおかず　PLATS DE POISSON

GALETTE DE DAURADE ET LÉGUMES
鯛と野菜のガレット

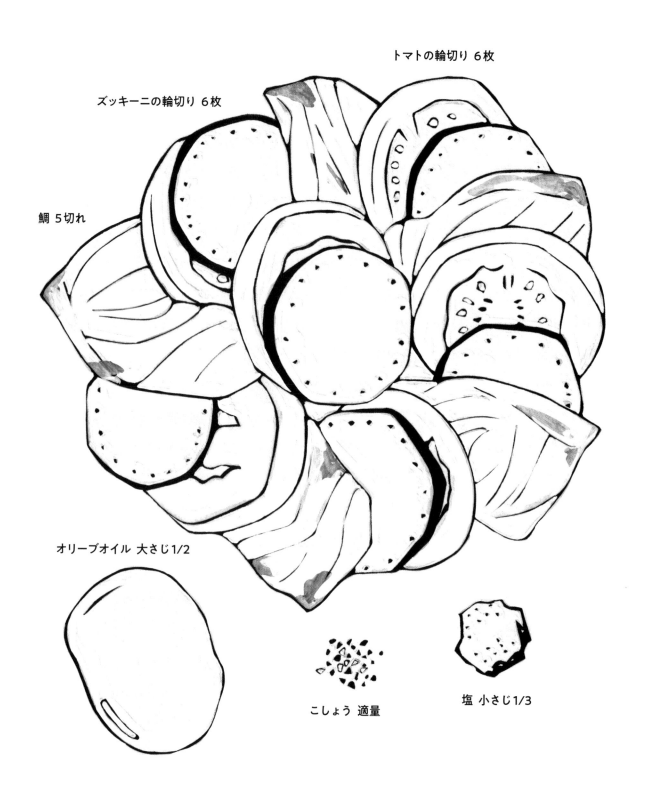

トマトの輪切り 6枚
ズッキーニの輪切り 6枚
鯛 5切れ
オリーブオイル 大さじ1/2
こしょう 適量
塩 小さじ1/3

46　フランスでは丸く焼いたものを「ガレット」と言います

オーブン

210℃
予熱あり

10分

● 材料［1人分］

鯛（刺し身用）— 5切れ
ズッキーニの輪切り（厚さ7mm）— 6枚
トマトの輪切り（厚さ7mm）— 6枚
塩 — 小さじ1/3
こしょう — 適量
オリーブオイル — 大さじ1/2

<u>材料を絵に従ってオーブン用シートに並べて包み、軽く2、3回振って、右上の指示どおりに加熱する。</u>

・鯛のかわりに鶏ささみのそぎ切り50gでもおいしく作れる。

魚のおかず　PLATS DE POISSON

CALAMARS AU POIVRE DU JAPON
いかの香り焼き

セロリ 1/2本
▶ 筋を取り除き、斜め切りにする

いか 小1杯
▶ 皮をむいて輪切りにし、塩2つまみをすり込む

ごま油 小さじ1

お好みで赤唐辛子の小口切り1本分を加えるとピリ辛味に

◉ 材料 [1人分]

いか(胴) ― 小1杯
▶ 皮をむいて輪切りにし、塩2つまみをすり込む

セロリ ― 1/2本
▶ 筋を取り除き、斜め切りにする

ごま油 ― 小さじ1

粉山椒 ― 適量

粉山椒以外の材料を絵に従ってオーブン用シートに並べて包み、軽く2、3回振って、右上の指示どおりに加熱する。器に盛り、粉山椒をふる。

・オーブンのかわりに水200mlを入れたフライパンで
　8分ほど蒸し焼きにしても作れる。ふたをして中火にすること。

オーブン

210℃
予熱あり

10分

魚のおかず　PLATS DE POISSON

CALAMARS FARCIS AU RIZ
洋風いかめし

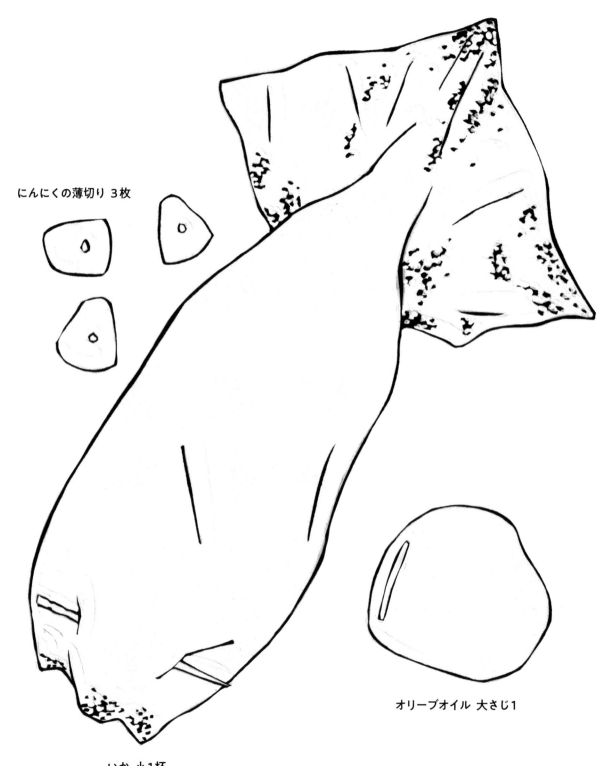

にんにくの薄切り 3枚

オリーブオイル 大さじ1

いか 小1杯
▶ 皮をむき、混ぜ合わせたAを中に詰め、ようじで口を留める

詰めもの＝ファルシはフランスでもおなじみの調理法

● 材料 [1人分]

いか（胴）── 小1杯
　▶ 皮をむき、混ぜ合わせたAを中に詰め、ようじで口を留める

A｜温かいご飯 ── 60g
　｜細ねぎの小口切り ── 大さじ1
　｜片栗粉 ── 小さじ1/3
　｜塩 ── 2つまみ
　｜こしょう ── 適量

にんにくの薄切り ── 3枚
オリーブオイル ── 大さじ1

材料を絵に従ってオーブン用シートに並べて包み、軽く2、3回振って、右上の指示どおりに加熱する。

・Aの細ねぎのかわりに、イタリアンパセリなどの好みのハーブを刻んだもの大さじ1/2程度を加えてもおいしい。
・食べやすく切ったトマト1個分をまわりに散らしていっしょに焼いても。

フライパン

水200㎖を入れて強めの中火

ふたをして7分

魚のおかず　PLATS DE POISSON

PALOURDES À LA VAPEUR FAÇON CHINOISE
あさりとわかめの中華蒸し

長ねぎ 10cm
▶ 小口切りにする

あさり 10〜15個

乾燥わかめ 大さじ1
▶ 水でもどしてから水けを絞る

ごま油 小さじ1

しょうがのせん切り 1/3かけ分

52　包みを開けた途端にしょうがのいい香りが！

電子レンジ

600W

耐熱皿にのせて 3分

● 材料［1人分］

あさり（砂抜きしたもの）— 10〜15個

乾燥わかめ — 大さじ1
　▶ 水でもどしてから水けを絞る

長ねぎ — 10cm
　▶ 小口切りにする

しょうがのせん切り — 1/3かけ分

ごま油 — 小さじ1

材料を絵に従ってオーブン用シートに並べて包み、軽く2、3回振って、右上の指示どおりに加熱する。

・あさりはためた水の中でしっかりとこすり洗いをすること。貝が開いたら火が通った証。
・わかめのかわりにちぎったレタスやキャベツでもおいしく作れる。

魚のおかず　PLATS DE POISSON

HUÎTRES CHAUDES
À LA SAUCE D'HUÎTRE
牡蠣のオイスターソース焼き

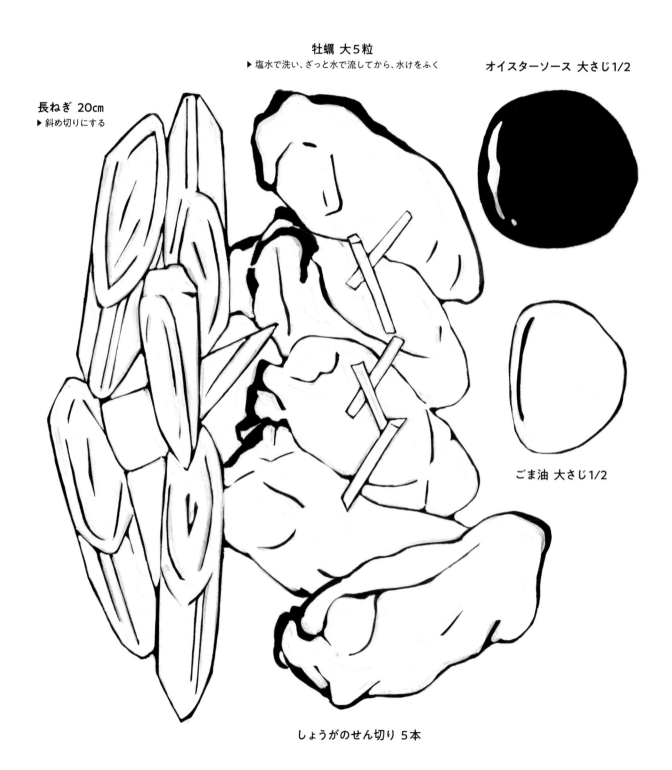

長ねぎ 20cm
▶ 斜め切りにする

牡蠣 大5粒
▶ 塩水で洗い、ざっと水で流してから、水けをふく

オイスターソース 大さじ1/2

ごま油 大さじ1/2

しょうがのせん切り 5本

牡蠣の旨みを二重に掛け合わせて濃厚な味に

オーブン

210℃
予熱あり

8分

● 材料 [1人分]

牡蠣 — 大5粒
　▶ 塩水で洗い、ざっと水で流してから、水けをふく

長ねぎ — 20cm
　▶ 斜め切りにする

しょうがのせん切り — 5本
オイスターソース — 大さじ1/2
ごま油 — 大さじ1/2

材料を絵に従ってオーブン用シートに並べて包み、軽く2、3回振って、右上の指示どおりに加熱する。

・牡蠣は小粒だと焼き縮みして硬くなるので大きめを使う。
・オーブンのかわりに電子レンジで4分ほど加熱しても作れる。
・牡蠣にはしっかり火を通して。

魚のおかず　PLATS DE POISSON

BANANE AU CARAMEL
キャラメルバナナ

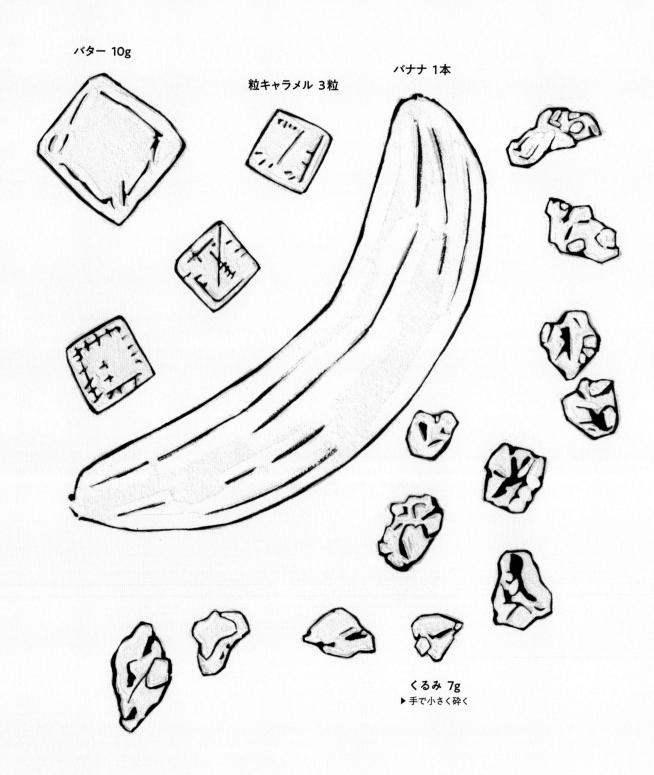

56 おやつだって簡単に作れます

◉ 材料［1人分］

バナナ — 1本
粒キャラメル（市販）— 3粒
くるみ（ロースト済み）— 7g（2粒）
　▶ 手で小さく砕く
バター — 10g
バニラアイスクリーム — 適量

アイスクリーム以外の材料を絵に従って
オーブン用シートに並べて包み、
軽く2、3回振って、右上の指示どおりに加熱する。
器に盛り、アイスクリームを添える。

・バナナのかわりにりんごや洋梨などでもおいしい。
　100g程度をひと口大に切る。

オーブン

210℃
予熱あり

10分

デザートも　DESSERT

TOMATES CERISES
À L'AIL CUITES AU FOUR
ミニトマトのオイルとハーブのオーブン焼き

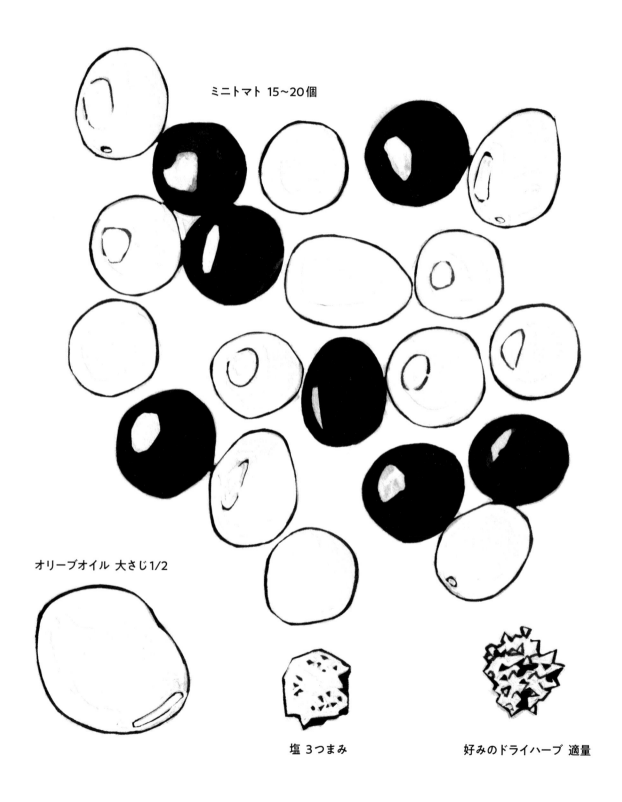

ミニトマト 15〜20個

オリーブオイル 大さじ1/2

塩 3つまみ

好みのドライハーブ 適量

2色以上のトマトで作るととてもきれい！

● 材料 [2人分]

ミニトマト — 15〜20個
オリーブオイル — 大さじ1/2
塩 — 3つまみ
好みのドライハーブ（オレガノ、バジルなど）— 適量

材料を絵に従ってオーブン用シートに並べて包み、軽く2、3回振って、右上の指示どおりに加熱する。

・普通のトマトで作る場合は、半分に切り、断面を上にして並べる。

オーブン

210℃
予熱あり

8分

野菜のおかず　PLATS DE LEGUMES

FONDUE DE CAMEMBERT AUX POMMES DE TERRE
じゃがいものカマンベールフォンデュ

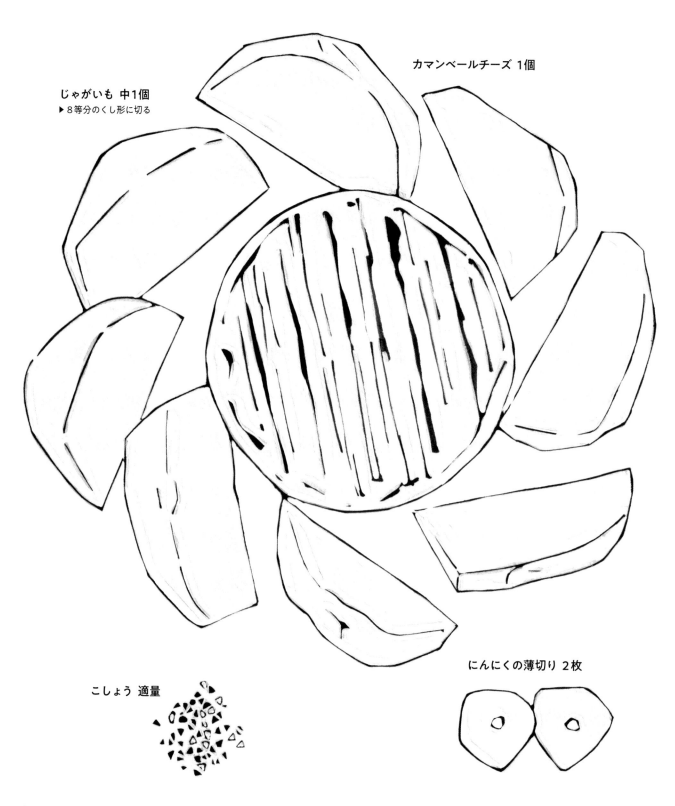

じゃがいも 中1個
▶8等分のくし形に切る

カマンベールチーズ 1個

こしょう 適量

にんにくの薄切り 2枚

カマンベールをまるごとレンチンすればそのままフォンデュ鍋がわりに

電子レンジ

600W

耐熱皿にのせて4分

● 材料 [2人分]

じゃがいも ― 中1個
　▶ 8等分のくし形に切る

カマンベールチーズ ― 1個

にんにくの薄切り ― 2枚

こしょう ― 適量

材料を絵に従ってオーブン用シートに並べて包み、軽く2、3回振って、右上の指示どおりに加熱する。じゃがいもをチーズにつけていただく。

・じゃがいもがいちおしだが、かぼちゃ、にんじん、ブロッコリーなどもよく合う。それぞれ火が通りやすいように切る。

野菜のおかず　PLATS DE LEGUMES

BROCOLIS ET ŒUF À LA VAPEUR
ブロッコリーと卵のバター蒸し

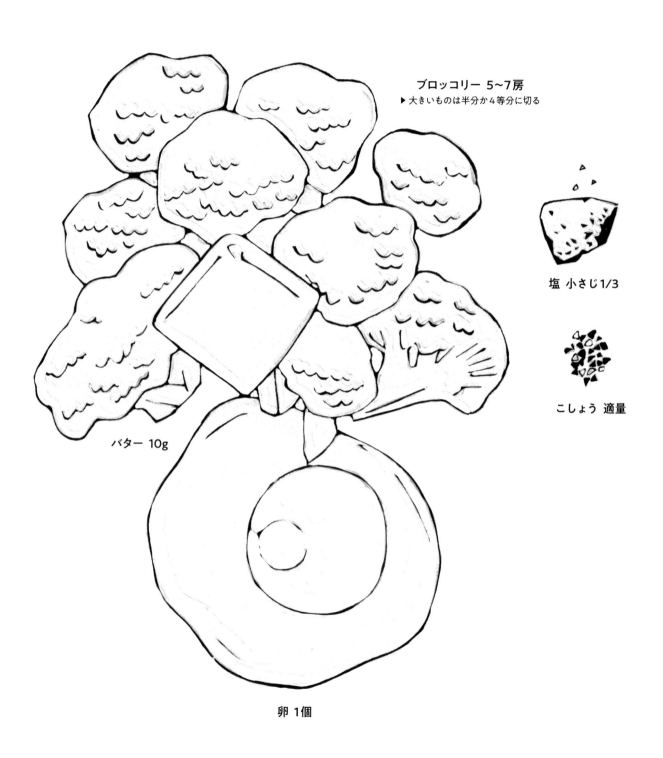

ブロッコリー 5〜7房
▶ 大きいものは半分か4等分に切る

塩 小さじ1/3

こしょう 適量

バター 10g

卵 1個

卵は割ってそのままのせるだけでOK

● 材料 [2人分]

ブロッコリー — 5〜7房
　▶ 大きいものは半分か4等分に切る

バター — 10g

卵 — 1個

塩 — 小さじ1/3

こしょう — 適量

材料を絵に従ってオーブン用シートに並べて包み、軽く2、3回振って、右上の指示どおりに加熱する。

・ベーコンの薄切りを加えて焼くと、これだけで立派な朝食に。
　仕上げに粉チーズをかけてもおいしい。
・卵をよりやわらかく仕上げたいときは、ブロッコリーを小さく切って
　加熱時間を短くする。

野菜のおかず　PLATS DE LEGUMES

POIREAUX BRAISÉS À L'HUILE D'OLIVE ET AU CITRON
長ねぎのレモンオイル蒸し

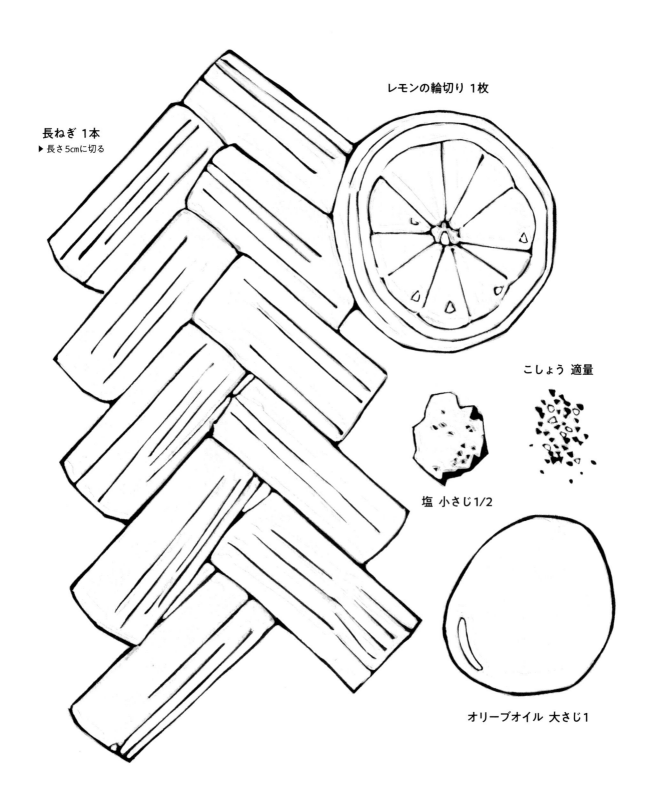

長ねぎ 1本
▶ 長さ5cmに切る

レモンの輪切り 1枚

こしょう 適量

塩 小さじ1/2

オリーブオイル 大さじ1

長めに10分ほど蒸して長ねぎをとろとろにしても美味

● 材料 [2人分]

長ねぎ — 1本
  ▶ 長さ5cmに切る
レモンの輪切り — 1枚
オリーブオイル — 大さじ1
塩 — 小さじ1/2
こしょう — 適量

材料を絵に従ってオーブン用シートに並べて包み、軽く2、3回振って、右上の指示どおりに加熱する。

・レモンのかわりにレモン汁小さじ1をかけてもよい。
・フライパンのかわりに電子レンジで3分ほど加熱しても作れる。

フライパン

水200mlを入れて強めの中火

ふたをして5分

野菜のおかず　PLATS DE LEGUMES

ÉTUVÉE DE LÉGUMES PRINTANIERS
春野菜のエチュベ

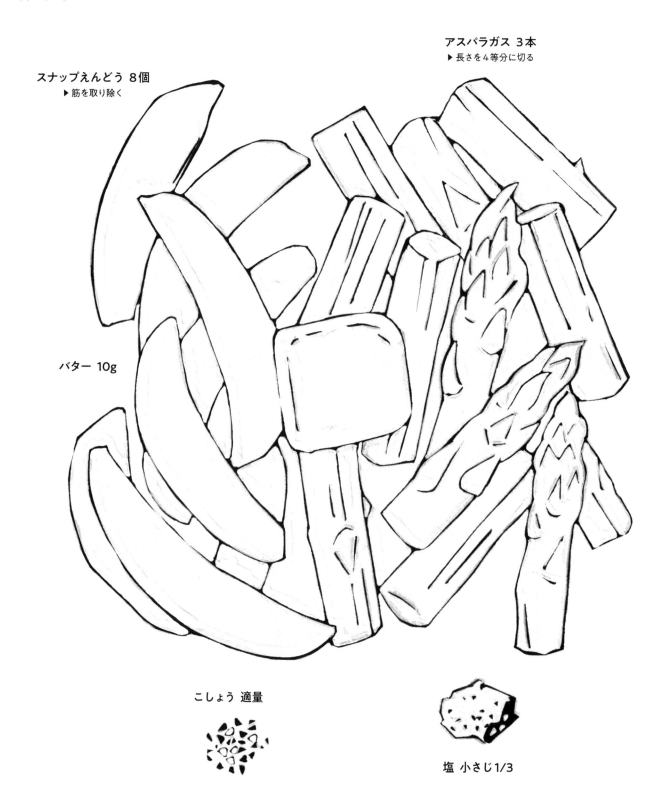

アスパラガス 3本
▶長さを4等分に切る

スナップえんどう 8個
▶筋を取り除く

バター 10g

こしょう 適量

塩 小さじ1/3

66　火を通した春の野菜はますます鮮やかな緑色に

電子レンジ

600W

耐熱皿にのせて3分

● 材料 [2人分]

アスパラガス ― 3本
　▶ 長さを4等分に切る

スナップえんどう ― 8個
　▶ 筋を取り除く

バター ― 10g

塩 ― 小さじ1/3

こしょう ― 適量

材料を絵に従ってオーブン用シートに並べて包み、軽く2、3回振って、右上の指示どおりに加熱する。

・ブロッコリー、きぬさや、カリフラワー、そら豆などでもおいしく作れる。

野菜のおかず　PLATS DE LEGUMES

ÉTUVÉE DE CHOUX CHINOIS
白菜のエチュベ

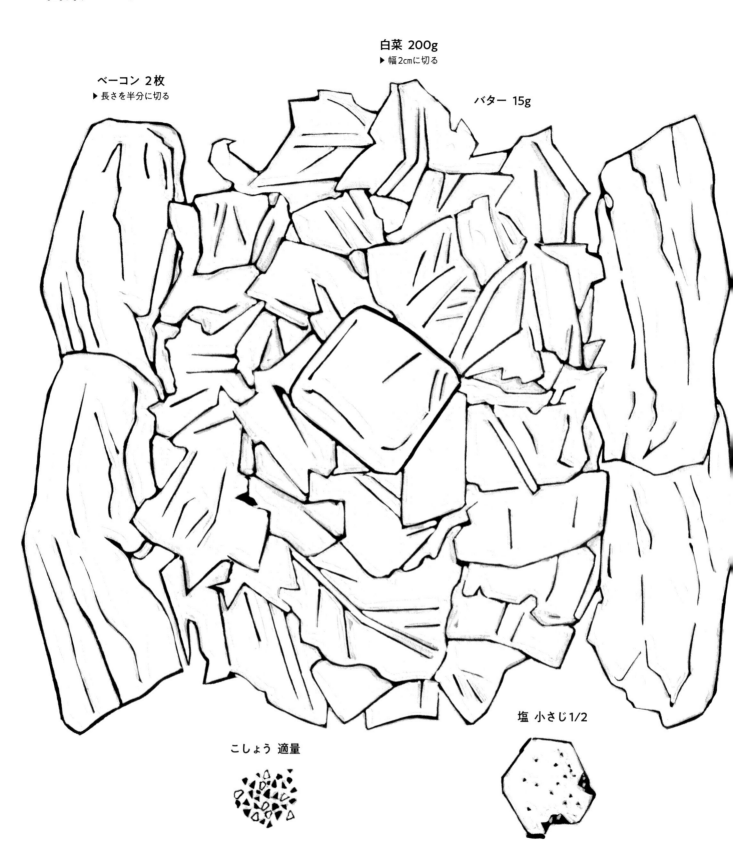

白菜 200g
▶ 幅2cmに切る

ベーコン 2枚
▶ 長さを半分に切る

バター 15g

塩 小さじ1/2

こしょう 適量

もう一品ほしいときにぴったりの手軽な副菜

● 材料 [2人分]

白菜 — 200g
　▶ 幅2cmに切る

バター — 15g

ベーコン(薄切り) — 2枚
　▶ 長さを半分に切る

塩 — 小さじ1/2

こしょう — 適量

材料を絵に従ってオーブン用シートに並べて包み、軽く2、3回振って、右上の指示どおりに加熱する。

・同量のキャベツでも作れる。切り方は同じ。特に春キャベツがよく合う。

電子レンジ / 600W / 耐熱皿にのせて4分

野菜のおかず　PLATS DE LEGUMES

EDAMAMES AUX ÉPICES
スパイシー枝豆

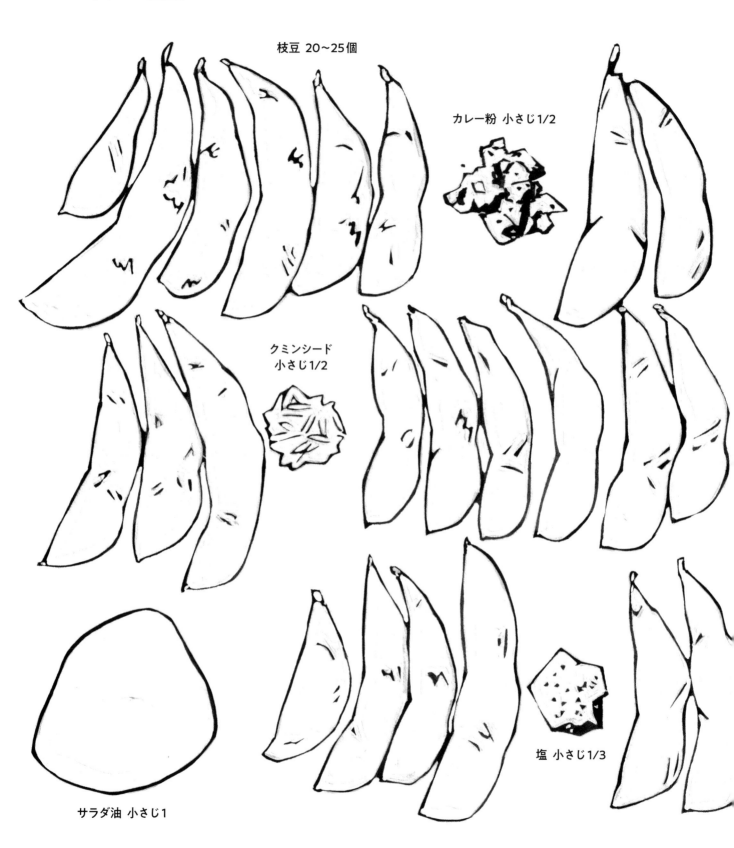

枝豆 20〜25個

カレー粉 小さじ1/2

クミンシード 小さじ1/2

塩 小さじ1/3

サラダ油 小さじ1

70　香り豊かでおつまみにもぴったりの味

オーブン

210℃
予熱あり

8分

● 材料 [2人分]

枝豆（冷凍）— 20〜25個
カレー粉 — 小さじ1/2
クミンシード — 小さじ1/2
サラダ油 — 小さじ1
塩 — 小さじ1/3

<u>材料を絵に従ってオーブン用シートに並べて包み、軽く2、3回振って、右上の指示どおりに加熱する。</u>

・冷凍枝豆が塩味つきの場合は塩小さじ1/3は不要。
・カレー粉とクミンシードをほかのスパイスやドライハーブにかえても。
・オーブンのかわりに電子レンジで4分ほど加熱しても作れる。

野菜のおかず　PLATS DE LEGUMES

NAVETS POILÉS À L'HUILE, AIL ET PIMENTS
かぶのアーリオ・オーリオ・ペペロンチーノ

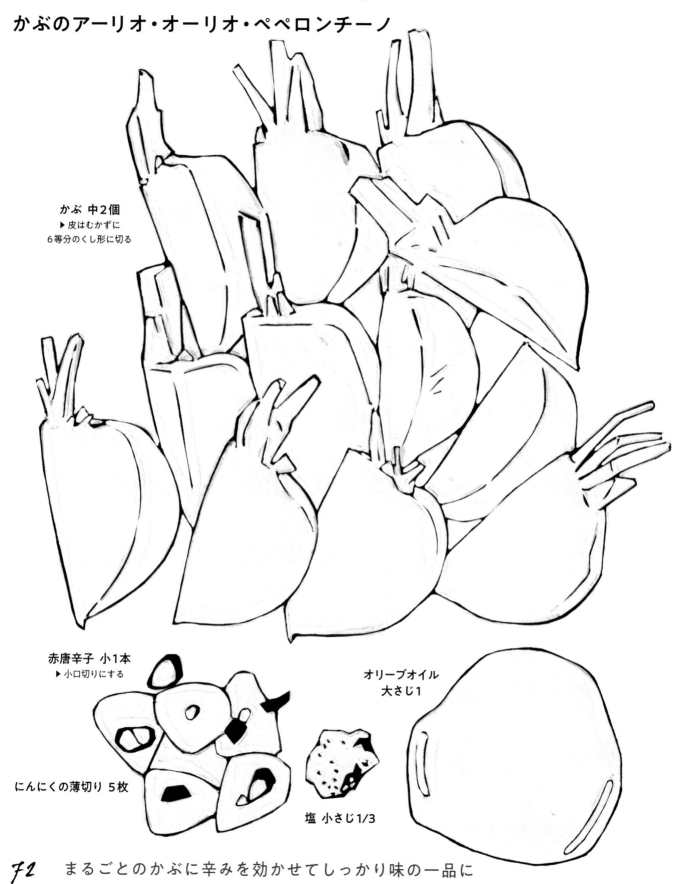

かぶ 中2個
▶ 皮はむかずに
6等分のくし形に切る

赤唐辛子 小1本
▶ 小口切りにする

にんにくの薄切り 5枚

塩 小さじ1/3

オリーブオイル 大さじ1

まるごとのかぶに辛みを効かせてしっかり味の一品に

オーブン

210℃
予熱あり

15分

● 材料 [2人分]

かぶ — 中2個
　▶ 皮はむかずに6等分のくし形に切る

にんにくの薄切り — 5枚

赤唐辛子 — 小1本
　▶ 小口切りにする

オリーブオイル — 大さじ1

塩 — 小さじ1/3

材料を絵に従ってオーブン用シートに並べて包み、軽く2、3回振って、右上の指示どおりに加熱する。

・長いもやれんこんでもおいしく作れる。
・オーブンのかわりに電子レンジで3分ほど加熱しても作れる。

野菜のおかず　PLATS DE LEGUMES

POTIRON À L'INDIENNE
かぼちゃのサブジ風

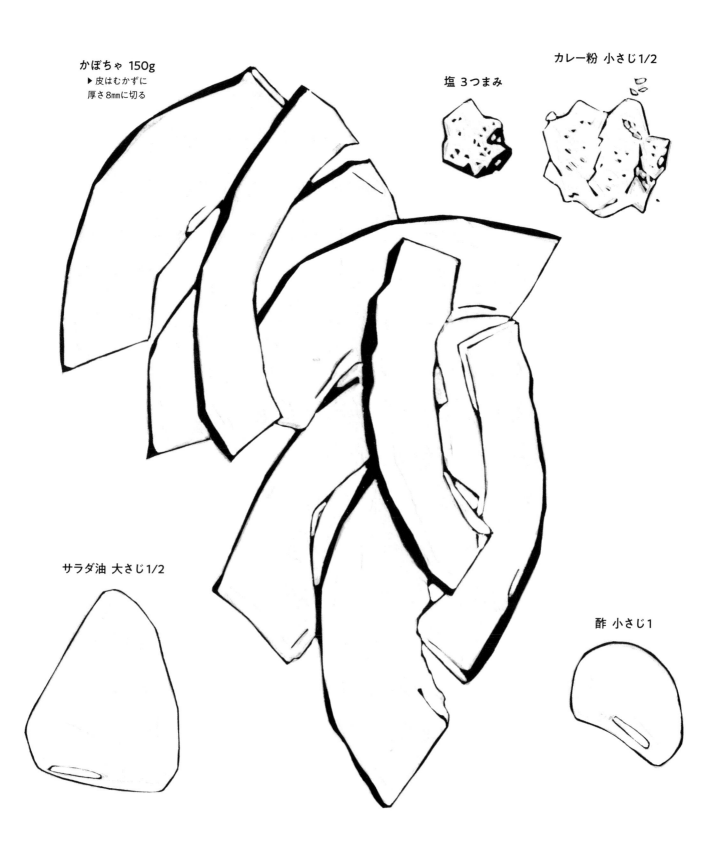

かぼちゃ 150g
▶ 皮はむかずに
厚さ8mmに切る

塩 3つまみ

カレー粉 小さじ1/2

サラダ油 大さじ1/2

酢 小さじ1

スパイスでかぼちゃの甘みがますます引き立ちます

● 材料 [2人分]

かぼちゃ ― 150g
　▶ 皮はむかずに厚さ8mmに切る

カレー粉 ― 小さじ1/2

サラダ油 ― 大さじ1/2

酢 ― 小さじ1

塩 ― 3つまみ

材料を絵に従ってオーブン用シートに並べて包み、軽く2、3回振って、右上の指示どおりに加熱する。

・サブジはインド料理でスパイシーな野菜の蒸し煮のこと。さまざまな野菜で作れる。

電子レンジ

600W

耐熱皿にのせて3分

野菜のおかず　PLATS DE LEGUMES

BOK CHOY À LA VAPEUR
青梗菜とほたて貝柱の蒸し焼き

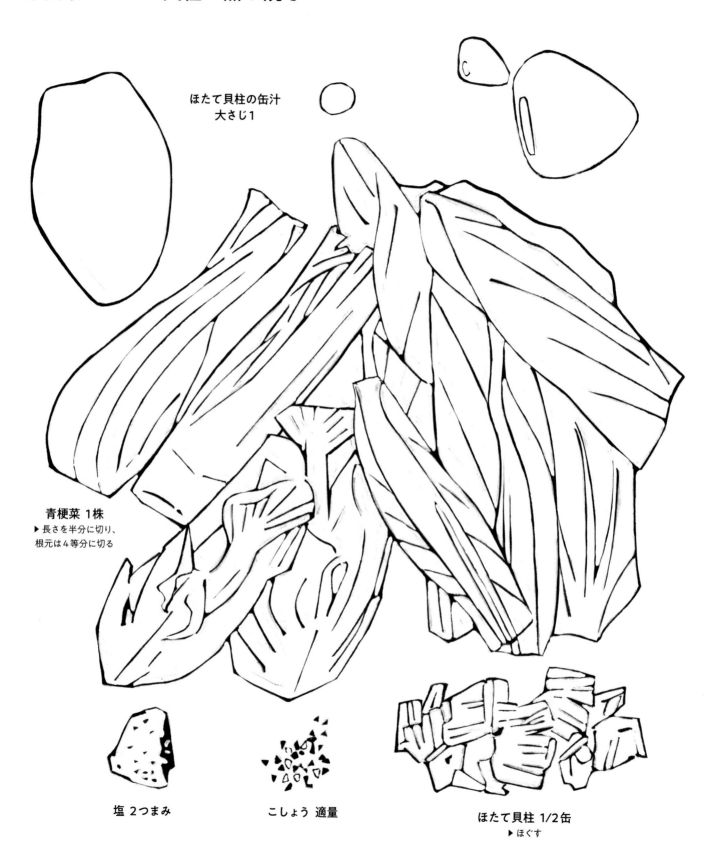

ほたて貝柱の缶汁
大さじ1

青梗菜 1株
▶ 長さを半分に切り、
根元は4等分に切る

塩 2つまみ

こしょう 適量

ほたて貝柱 1/2缶
▶ ほぐす

味つけはシンプルに塩、こしょうだけでも貝の旨みでグンとおいしく

◉ 材料 [2人分]

青梗菜 — 1株
　▶ 長さを半分に切り、根元は4等分に切る

ほたて貝柱(缶) — 1/2缶 (25g)
　▶ ほぐす

ほたて貝柱の缶汁 — 大さじ1

塩 — 2つまみ

こしょう — 適量

材料を絵に従ってオーブン用シートに並べて包み、軽く2、3回振って、右上の指示どおりに加熱する。

・仕上げにごま油やラー油をたらしてもおいしい。量はお好みで。

電子レンジ

600W

耐熱皿にのせて 3分

野菜のおかず　PLATS DE LEGUMES

CHAMPIGNONS POILÉS AU BEURRE ET PERSIL
いろいろきのこのパセリバター焼き

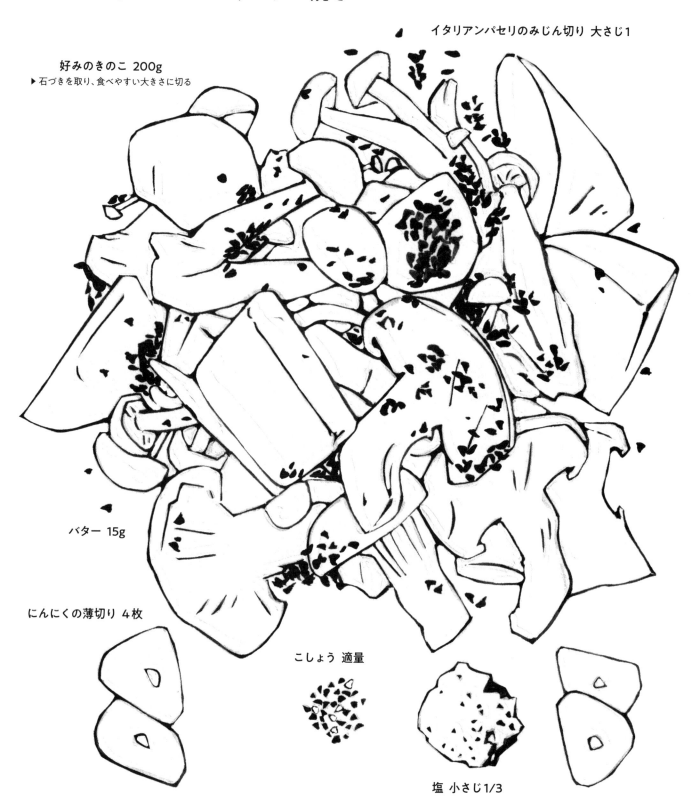

イタリアンパセリのみじん切り 大さじ1

好みのきのこ 200g
▶ 石づきを取り、食べやすい大きさに切る

バター 15g

にんにくの薄切り 4枚

こしょう 適量

塩 小さじ1/3

きのこがあればすぐに作れるおいしい副菜

● 材料 [2人分]

好みのきのこ（しめじ、しいたけ、エリンギなど）— 200g
　▶ 石づきを取り、食べやすい大きさに切る

バター — 15g

にんにくの薄切り — 4枚

イタリアンパセリのみじん切り — 大さじ1

塩 — 小さじ1/3

こしょう — 適量

オーブン

210℃
予熱あり

10分

材料を絵に従ってオーブン用シートに並べて包み、軽く2、3回振って、右上の指示どおりに加熱する。

・ベーコンのみじん切り大さじ1をのせて焼くと
　より食べ応えある仕上がりに。
・オーブンのかわりに電子レンジで3分ほど加熱しても作れる。

野菜のおかず　PLATS DE LEGUMES

JUNKO UEDA
上田淳子

料理研究家。辻学園調理技術専門学校卒業後に、同校職員を経て渡欧。フランスやスイスのレストランなどで3年間の修業を積み、帰国後は料理研究家として活躍。本格的なフランス料理から、忙しい人に向けた簡単でおいしい家庭料理まで幅広くこなし、好評を博している。著書に『フランス人は、3つの調理法で野菜を食べる。』『フランス人が好きな3種の軽い煮込み。』『フランス人がこよなく愛する3種の粉もの。』(すべて誠文堂新光社)、『離れている家族に冷凍お届けごはん』(講談社)など多数。

調理アシスタント　大溝睦子
デザイン　塙美奈(ME & MIRACO)
イラスト　シバタリョウ
撮影　三木麻奈
スタイリング　曲田有子
校閲　泉敏子　山田久美子
フランス訳校閲　FABIEN LAURENT
編集　小田真一

並べて 包んで 焼くだけ レシピ

著　者　上田淳子
編集人　小田真一
発行人　永田智之
発行所　株式会社主婦と生活社
　　　　〒104-8357 東京都中央区京橋3-5-7
　　　　[編集部] ☎ 03-3563-5321
　　　　[販売部] ☎ 03-3563-5121
　　　　[生産部] ☎ 03-3563-5125
　　　　http://www.shufu.co.jp
製版所　東京カラーフォト・プロセス株式会社
印刷所　共同印刷株式会社
製本所　共同製本株式会社

ISBN978-4-391-15227-2

十分に気をつけながら造本していますが、落丁、乱丁本はお取り替えいたします。お買い求めの書店か、小社生産部にお申し出ください。

Ⓡ本書を無断で複写複製(電子化を含む)することは、著作権法上の例外を除き、禁じられています。本書をコピーされる場合は、事前に日本複製権センター(JRRC)の許諾を受けてください。また、本書を代行業者等の第三者に依頼してスキャンやデジタル化をすることは、たとえ個人や家庭内の利用であっても、一切認められておりません。
JRRC　https://jrrc.or.jp
　　　Eメール：jrrc_info@jrrc.or.jp
　　　TEL: 03-3401-2382

Ⓒ JUNKO UEDA 2018　Printed in Japan